国際スポーツイベント成功の舞台裏

鶴田友晴
元ラグビーワールドカップ2019
組織委員会事務総長代理

ぴあ

CONTENTS

CONTENTS

BOOK DESIGN
松坂健（TwoThree）

はじめに

昨年秋に日本で開催されたラグビーワールドカップ2019（RWC2019）の組織委員会が今年3月末をもって解散された。最終決算は公式に発表されている通り約68億円の黒字になった。私は同組織委員会（OC）の事務総長代理として、4年半事業部門の責任者をつとめた。

又、2002 FIFA 日韓ワールドカップ（2002 FIFA W杯）組織委員会でも事業局長をつとめた経験がある。さらに2007年に大阪で開催された2007 IAAF 大阪世界陸上競技選手権大会（2007大阪世界陸上）のOCでは、大会実行委員として大会の経営にたずさわった経験もある。

2002 FIFA W杯は約55億円の黒字となり、日本サッカー協会（JFA）が自前のビルを購入したことでもその大幅黒字が確認されている。2007 大阪世界陸上も約10億円の黒字が出ている。

このように日本で開催された大型の国際スポーツイベントの収支が黒字になっているが、その実体はあまり知られていない。そもそもどんな収支構造で大会が運営されているのか、世の中にあまり知られていないのは何故だろう。考えてみれば不思議である。勿論各々の大会の終了後には公式報告書なるものが発行されていて、その中には収支報告も入っている。それを読み解けばおおよその構造は理解できる訳だが、誰もそんなものは読まないし読んでもおおよそのことを知るのみで、実体はつかみきれないと思う。

私はこの三つの大型国際スポーツイベントのOCの経営、運営にたずさわった者として、各々の大会の収支構造の実体をつまびらかにしておきたいと考えている。それは、いくつかの理由がある訳だが、一つはあまり知られていない収支構造の実体をできるだけ多くの人達、特にスポーツビジネスにたずさわる人、将来たずさわりたいと思っている人々に知って欲しいと思うこと。もう一つの理由はこれら三つの大型国際イベントの収支構造は異なっているが、その違いをよく理解した上で今後日本に大型国際スポーツイベントを招致する際に是非とも参考にして欲しいと思うからである。

何故収支構造に違いがあるかは、この後少しずつつまびらかにしていくが、基本的には大会の主催者である国際スポーツ連盟（サッカーで言えばＦＩＦＡ＝国際サッカー連盟、ラグビーではＷＲワールドラグビー、陸上で言えばＩＡＡＦ＝国際陸上競技連盟）の基本方針や各々の財政状況などに違いがあることがベースとなっている。やはり何と言ってもＦＩＦＡは財政が豊かであり、ＦＩＦＡの場合は２００２ＦＩＦＡＷ杯の日韓各々の組織委員会に約１００億円ずつ運営協力金を支払っている。世界陸上の場合はこうした協力金がＯＣに支払われることはなかった。ＲＷＣ２０１９の場合は、逆にＯＣがワールドラグビー（ＷＲ）に９６００万ポンド（約１３５億円）を支払っている。これは最もわかりやすい大会毎の収支構造の違いである。

この他にも、テレビ放送権収入、スポンサー収入、ライセンシング収入、ホスピタリティ事業収入など様々な収入項目の取扱にも差がある。さらに言えば、支出項目についても国際スポーツ連盟と大会組織委員会との間にある取り決めにも差異が出てくる。こうしたことは何もここで比較している三つの大型国際スポーツ大会のみで言えることではなく、その他の国際スポーツ大会の場合も各々に特徴がある、みな差異があると思っていただいたほうが良いかもしれない。

国際スポーツ大会を開催・運営するに当り、大会を成功に導く為の第一歩はこの収支構造をよく理解し、大会を赤字にしない為にどのような収支バランスを取ることができるかを確認することである。

これに加え、大会成功の為には多くの課題がある。どのような課題があるかは、私が経験した２００２ＦＩＦＡＷ杯、２００７大阪世界陸上、ＲＷＣ２０１９の三つの国際スポーツイベントを比較しながら、具体的に指摘していきたいと思っている。金（収支バランス）の次に大事なのは、人（スタッフ）である。人の次はインフラ（会場整備等）であり、大会運営のノウハウ（プロジェクトマネージメント）などである。こうした課題にどう対処していけば良いのか論を進めたい。そして最後には日本が今後こうした国際スポーツイベントにどう向き合うべきかについてふれていきたい。近年国際スポーツイベントの招致合戦がはげしくなる中、日本は今後この招致にどう対応していくべきなのか。又招致後の運営や大会成功の為の活動はどうあるべきかなどについても私なりの考えを示していきたいと考えている。

第1章

国際スポーツイベントの主催者と運営者

主催者は国際スポーツ統括団体

日本でこれまで数多くの国際スポーツ大会が開催されてきた。オリンピック・パラリンピック夏季大会、同冬季大会、サッカーW杯、ラグビーW杯、世界陸上、世界水泳、他にも体操、バレーボール、バスケットボール、卓球、フィギュアスケート等である。世界選手権とワールドカップは競技によってその名称が異なるが、基本的には同じ意味の大会と理解して良い。又開催の間隔も競技によって異なる。4年に1度のもの（オリンピック、サッカー・ラグビーW杯等）、2年に1度のもの（世界陸上等）、毎年開催されるもの（フィギュア等）がある。こうしたワールドカップや世界選手権が日本で開催される場合、その主催者は誰なのか？ 又実際に大会を運営するのは誰なのか？ 意外と正確に知られていないのではないだろうか？

昨年秋日本で開催されたRWC2019を例にとって、解説してみたい。まず大会の主催者は「WR」というアイルランド（ダブリン）に本拠を置く世界のラグビー統括団体である。ＷＲは１８８６年に国際ラグビーフットボール評議会（Ｉｎｔｅｒｎａｔｉｏｎａｌ Ｒｕｇｂｙ Ｆｏｏｔｂａｌｌ Ｂｏａｒｄ 略称ＩＲＦＢ）として設立され、主に競技規則の制定、国際的な普及活動などを行ってきた。１９９８年に国際ラグビー評議会（ＩＲＢ）に改称、２０１４年に現在の名称に改称している。

日本は１９８７年に日本ラグビーフットボール協会（ＪＲＦＵ）が当時のＩＲＦＢに加盟している。現在（２０１５年）は世界の国、地域から１１８協会がＩＲＢに加盟している。ＲＷＣは１９８７年に第１回大会がニュージーランドとオーストラリアの共催によって開催されている。

ホストユニオンと組織委員会

さて、主催者は「ＷＲ」であることは以上の通りである。では、日本で開催される場合の大会運営者は誰なのか？　常識的に考えれば、ＪＲＦＵということになる。事実ＲＷＣの招致にあたってはＪＲＦＵが立候補している（立候補はＷＲ加盟の団体に限られる）。さらに、ＲＷＣ２０１９が日本で開催されることが決定したとき（２００９年）ＷＲと開催契約書を締結したのはＪＲＦＵである。この開催契約書のことをホストユニオンアグリーメントと言って、大会開催に関するあらゆる取り決めが定められている（この取り決めに日本の大会運営者は縛られることになる。これが将来とても大きな運営上の困難を伴うことになるが、それについては後述したい）。

さてそれでは、ＲＷＣ２０１９の大会を実際に運営するのはＪＲＦＵなのかと言うと、これが違うのである。ＪＲＦＵは前述の通り、開催国協会（ホストユニオン）という立場で、ＷＲとの契約当事者とはなるが、直接運営にたずさわることはない。そもそもこの大会の事業費は６００億円にのぼる。これだけの巨額の事業費をＪＲＦＵがリスクをかかえて実施することは無理があると言わざるを得ない。

公益財団法人「組織委員会」

そこでどうするか？　事実を先に言えば、国や地方自治体の協力を得られる公益財団法人の〝ＯＣ〟を設置し、これが大会の運営に当ることになる。公益財団法人に指定された〝ＯＣ〟には公的資金援助が可能になる。「宝くじ」の収益金、ｔｏｔｏの助成金、地方自治体からの協力金などである。この公益財団法人として設立された〝ＯＣ〟がホストユニオンであるＪＲＦＵと大会運営の委託契約を締結し、実際の大会の運営に当ることになる。勿論、公益財団法人に指定される為には、法律に定める条件をクリアーする必要がある。「公益財団法人及び公益財団法人の設定等に関する法律」に基づいて設立され、公益事業を行うことを目的とする。ＲＷＣ２０１９の場合は「文化及び芸術の振興を目的とする事業」に該当していると認められたことによって公益財団法人として認可された訳である。ただし公益財団法人というのは、２００８年の法改正で〝財団法人〟を公益財団法人と一般財団法人に分けたことによって誕生したものであり、それ以前は全て〝財団法人〟であった。従って、２００８年以前の組織委員会は一般財団法人格を取得すれば、今回のＲＷＣ２０１９の公益財団法人「組織委員会」と同様に公的資金援助を期待できた。なお２００８年以降、公益財団法人に認定されると、さらに税制上の優遇措置が得られるというメリットがある。

日本でこれまで開催された国際スポーツイベントでそのOCが財団法人として認められたのは、1964年東京オリンピック、1972年札幌冬季オリンピック、1985年神戸夏季ユニバーシアード、1994年広島アジア競技大会、1998年長野冬季オリンピックなどの国際総合スポーツ大会以外の単一競技の大会では2002 FIFA W杯、2007 IAAF 大阪世界陸上、2014 世界卓球選手権団体戦、そして今回のRWC2019など少数のケースに限られる（公益財団法人は今回のRWC2019だけ）。

さてそれでは、他のスポーツの世界選手権やワールドカップが日本で開催される場合はどうなのであろうか？　いずれのスポーツの場合でも、主催者はそのスポーツの国際統括団体であることは共通している。又日本開催に当っては、日本の統括団体が唯一招致に立候補できることも同じである。違いが出るのは、日本開催が決定し、大会を運営する為の〝OC〟の構成方法である。RWC2019のように公益財団法人（2008年以前は一般財団法人）として〝OC〟を構成できれば良いが全てのスポーツの国際大会が同様のことができる訳ではない。それではどのようなケースが存在しているのだろうか。いくつか実例をあげてみたい。

一般的な組織委員会

２０２１年福岡で開催される予定の世界水泳福岡大会は、日本水泳連盟と福岡県、福岡市が〝ＯＣ〟を構成している。従って〝ＯＣ〟のスタッフは福岡県、福岡市の職員や日本水泳連盟の関係者等が中心となる。勿論、公益財団法人ではなくいわゆる任意団体であり、従って最終財務責任については関係者（日本水泳連盟、福岡県、福岡市）の間の取り決めによることとなる（今後財団法人の申請を行う可能性はあるが）。

前述の体操、バレー、バスケット、卓球、フィギュアスケート等の単一競技の世界選手権やＷ杯が日本で開催される場合も、基本的には主催者である国際統括団体のもと日本で国内競技団体（日本体操協会や日本バレーボール協会等）が開催地自治体等との協力のもとに任意の組織委員会を構成し、大会運営にあたることになる。こうした場合は財務責任を開催地自治体が負ったり、一定額の大会運営費を負担したりするケースが多い。こうした任意団体としての組織委員会の場合は、宝くじやｔｏｔｏの助成金の導入は事業上困難となる。従ってチケット販売収入や放映権収入、スポンサー収入が収入の柱となるが、それだけではなかなか大会運営費全てをまかなうことは難しくなり、どうしても開催地自治体の財務上の負担をお願いせざるを得ないのが実状である。

第2章

大会収支勘定の実態について

大会収支の概要

日本で開催される国際スポーツ大会の収支勘定はどうなっているのか？　どんな収入があるの？　支出は何に使われるの？　そもそも赤字？　黒字？　そんな疑問が沢山あるのではないだろうか。通常、収入には、チケット販売収入がある。これがほとんどの場合最大の収入源となる。この他には、いわゆるマーケティング収入と言われるものがある。テレビ放送収入権であったり、スポンサー収入、商品化権収入、ホスピタリティー収入等である。又、大会の〝組織委員会〟が公益財団法人に指定された場合には、「宝くじの収益金」や「ｔｏｔｏ助成金」「開催自治体の協力金」さらには財界等からの「寄付金」も期待できる。

では支出はどうだろう。支出はスポーツ大会の競技内容や開催会場の数などによって大きく異なるが、共通している主要な支出は、

●会場整備・運営費（仮設物、会場費、ＩＴ整備、装飾、セレモニー、メディア対応、

放送対応等）

●トーナメントサービス費（宿泊、輸送、飲食、ロジスティックス、ゲスト対応、警備等）

●競技運営費（レフリー、マッチオフィシャル、ドーピング、選手、チーム対応等）

●チケット販売促進、広告広報関連費

●人事・総務・財務関連費（人件費、事務所費、出張費等）

ここで、具体的には個々の大会毎の収支の実態を見ていきながらさらに詳細の説明を加えていきたい。

RWC2019大会のケース（単位:億円）

収入項目	金額	支出項目	金額
①チケット収入	389	①会場整備・運営費	173
②宝くじ	100	②大会運営費	139
③toto助成金	59	③チケット販売・広報	36
④開催都市分担金	59	④管理費	131
⑤民間資金等	39	⑤HUA関連費	68
⑥保険金収入	18	⑥大会保証料	130
⑦その他収入	13		
合計	677		677

まず収入から解説しよう。①チケット収入は、全体（約180万枚）の99・3％が売れた為、予想を大きく上回り、389億円の売り上げを記録している。当初（2015年）公表された大会予算に於けるチケット収入は230億円であったことを考えると、大幅な売り上げ増となった。次に②宝くじ100億、③toto助成金59億、④開催都市分担金59億と続く。これらは前述の通り、このOCが公益財団法人に指定されたことによってもたらされた収入であると言っても過言ではない。チケット収入が大幅に増加したとはいえ、もしこれらの約200億にものぼる公的資金がなかったらこの大会の収支は明らかに大幅赤字となった。言いかえればOCを公益財団法人に指定し、これらの資金の調達が可能となったからこそこの大会を日本で開催することができたということである。⑤民間資金はその多くが財界からの寄付金（約30億円）である。OCが公益財団法人に指定されているからこそ多額の寄付金が財界から集まった訳で、ここでもOCが公益財団法人であることの効果が大きいと言える。民間資金の残りは、ローカルスポンサーの協力金がある。協賛金ではなく、協力金としたのには訳がある。主催者であるWRはOCに「ローカルスポンサー権」を認めなかった。後述するが、FIFAW杯や世界陸上など（勿論オリンピックも）通常主催者である国際スポーツ団体は開催国のOCに「ローカルスポンサー権」を認める。この場合OCは「ローカルスポンサー権」を販売し収入を得ることになる。しかしRWC2019に於いては、「ローカルスポンサー権」を認めなかった。大きな収入減になる。苦肉の策としてWRから「ローカルスポンサー権」を買い取った（Buy out）株式会社電通と協議し、電通の「ローカルスポンサー権」販売に組織委員会が協力することで、協力金を得るということにした。その協力金が前述の民間資金の財界寄付金の外の主な収入である。

⑥保険金収入は、大会期間中台風で3試合が中止になったが、この中止になった試合のチケット収入を保証する興行中止保険に加入していた為、チケット収入の約7割が保険金としてOCに支払われたものである。尚、①チケット収入の389億はこの中止になった試合のチケット収入も計上されている。ということは、後に説明するが、支出項目（管理費）にチケットの払い戻し金が計上されている。

収入は以上であるが、前述したマーケティング収入が一切入っていないことにお気づきだろうか？　マーケティング収入が一切ない訳ではない。全てのマーケティング収入は全て主催者であるＷＲに入っている。「テレビ放送権」「オフィシャルパートナー」「ローカルスポンサー」「ライセンシング／マーチャンダイジング権」「ホスピタリティー権」である。

「テレビ放送権」は全世界で約３００億円程度と推測される。「オフィシャルパートナー」は6社（マスターカード、ランドローバー、ソシエテジェネラル、ＤＨＬ、エミレーツ、ハイネケン）で約１００億程度か、「ローカルスポサンサー」は約30億円、「ライセンシング／マーチャンダイジング権」とは大会マーク付きの商品販売の権利金収入である。金額は推定しにくいが5～6億円程度？　最後の「ホスピタリティー権」はホスピタリティーチケットの販売権である。ＳＴＨという会社がこの権利を買い取りホスピタリティーチケットの販売を行った。チケットの額面価格にホスピタリティー（食事やお土産等）分を上乗せして高額にて販売し利益を得る仕組みである。この上乗せ分をホスピタリティー権としてＷＲの収入としている。金額は10～15億円程度と推測している。

こうしたマーケティング収入は前述の通り、全てWRの収入となり、OCの収入にはならない。これはラグビーW杯特有の仕組みである。WRという団体には4年に1度開催されるW杯によるこれらのマーケティング収入が唯一貴重な財源であり、これらの資金によってWRの4年間の活動がなされている。特に世界中のラグビー協会（ナショナルユニオン）への配分金や、ほとんど収入がない他のイベント（7人制ラグビーなど）に活用されている。ちなみにFIFAやIOCのように資金に余裕のある団体はマーケティング収入を組織委員会に配分している。このことは2002 FIFA W杯の収支の説明の際にふれたい。

支出について概要を説明したい。まず最大の支出項目が①会場整備・運営費である。173億円。全国12の会場を使用して開催されたRWC2019はどうしてもこの会場整備・運営費が多額になる。会場が12も必要であり、それに加えて多くの会場が国際的な大型スポーツイベントを実施する為の機能を整備できていないことが大きな要因である。

173億円の内訳は、試合会場等120億円、ICTネットワーク45億円となっている。試合会場で多額の支出が必要となったものは、「ホスピタリティー施設の設置」「予備電源」「仮設施設の設置」「会場使用料」などである。「ホスピタリティー施設の設置」は主として決勝会場となった横浜国際総合競技場に於ける大会ゲスト用、スポンサー用ホスピタリティー施設を仮設で新たに設置した費用が極めて高額であった。約10億円かかっている。大会が終了すれば取り壊すものである。ヨーロッパに於けるラグビーやサッカーの試合会場となるスタジアムの場合こうしたホスピタリティー施設は常設である。日本はこうした点に大きな課題があると言わざるを得ない。

「予備電源」のコストも予想以上に大きかった。あらゆるものに予備電源が必要となる。特に重要なのがテレビ放送用の予備電源である。放送中に電源が落ちた場合、瞬時に切りかわる予備の電源が必要とされる。電源が落ちた場合、1秒以内で切りかわることが求められる。このような予備の電源を全12会場で用意する必要がある。この為のコストが約25億円である。日本で通常行われるスポーツイベントがこのような放送用の予備電源の準備を求められることはない。日本では原則停電は起こらないとの大前提がある。しかし、絶対に起こらないとは誰も言い切れない。大型国際スポーツイベントでは放送用の電源が落ちることは決して許されない。放送事故が起こった場合は放送権料にかかわってくることになるからだ。この他照明用の予備電源も必要、又大型映像スクリーン用の予備電源も用意しなければならない。その他会場内の諸室で使用する電源も全て予備が必要となる。こうした予備電源のコストは莫大な額となった。

ＩＣＴネットワークの支出が45億円となっている。このうち約15億円が各会場毎に敷設された光ファイバー回線のコストである。各会場には通常光ファイバー回線は1回線は敷設されている。しかしＲＷＣ２０１９のような大型国際スポーツイベントでは光回線の冗長化（異ルートの予備回線）が求められる。放送やデータ通信が光回線の切断によって不通となることを防ぐ為である。1ルートだけの回線の場合、万一何らかの事故で光回線が切れた場合は重大な放送事故につながる。だから異ルートのもう一つの回線を12会場全てに敷設することが求められるのだ。事実、大会期間中ではないが、大会前に道路工事によって光回線が切れる事故が起こっている。1度回線が切れると、復旧には8~10時間程度はかかる。1ルートだけだと放送やデータ通信に支障がでることは明らかだ。しかし、この光回線、大会が終了すると増設した1ルートは撤去される。実にもったいない話であるが仕方ない。何故ならこの回線を維持する為のメンテナンスコストが年間約1億円かかる。これを誰も負担しない。会場も、自治体も回線業者も負担しない。誰もこの予備の回線を必要としないからだ。通常の日本のサッカーやラグビーのイベントの場合、光回線は1ルートだけで十分なのだ。

次に大会運営費である。139億円とこれも多額にのぼる。大まかな内訳は、宿泊52億円、輸送34億円、ケータリング8億円、警備関連30億円、TGP対応9億円、ロジスティックス6億円といったところだ。各々の内訳の詳細については第6章トーナメントサービスでふれたい。③チケット販売・広報の36億円であるが、これは、チケット販売の為のシステム構築、管理及び販売手数料などチケット販売関連の支出が約15億円、残りは広告、広報、イベント、製作物等のマーケティング関連コストである。④の管理費131億円は、人件費（職員・ボランティア）のトータルが約48億円、OCの運営及び保険金の合計が59億円、チケットの払い戻し金が23億円であった。⑤

のHUA関連費とあるのは、実質的な余乗金である。このお金はホストユニオンであるJRFUに引き継がれる。ただJRFUはこのお金を何でも自由に使える訳ではない。W杯を日本で開催したことに伴う余乗金であり、又「収入」項目を見ていただければわかる通り、宝くじやTOTOなどの公的資金の導入があってはじめてこの68億円という余剰金が生まれた訳なのであるから、このお金の使用目的にも何らかの公的な使い方が求められる。具体的には、①日本国内各地のラグビー普及・振興の為の基金、②アジアに於けるラグビー普及・発展の為の基金、③新秩父宮ラグビー場建設に伴う基金、などである。こうした公的目的に使うことを（公益財団法人）ラグビーワールドカップ2019組織委員会（JR2019）としても希望し、期待して、JRFUに申し入れをしているところである。

最後に、⑥大会保証料として130億円が計上されている。この支出についてお話ししたい。このお金は、JR2019からWRに支払われたものである。開催国OCから主催者である国際スポーツ統括団体（IF）であるWRにこれだけ多額のお金を支払っているのだ。このお金が、大会を招致する段階からの条件であった。大会保証料として9600万ポンド支払うこと。この保証料を支払うことを約束、保証しなければ、大会を招致できないのだ。この保証料、前回の2015年イングランド大会では8000万ポンド、次回2023年のフランス大会では何と1億2800万ポンドになっている。こうした保証料の支払いというのは、他の国際スポーツ大会（オリンピック、サッカーW杯、その他各種世界選手権）では存在しない。ラグビーだけの特別ルールである。というか、次項に記述するが、サッカーW杯の場合は、FIFAが開催国OCに分配金を支払う。真逆なのだ。事実、2002 FIFA W杯では、日本韓国の両OCに約100億円ずつ支払っている。オリンピックでも、IOCは必ず世界中の放送権料やTOPスポンサーと言われるワールドワイドスポンサーからの収入を開催国OCに一定のルールに従って分配している。世界陸上や世界水泳などのケースでは、この分配金はないが、しかし逆に大会保証料としてのめし上げ金もない。

しかし、WRにはそれがある。何故なら、WRはこのRWCの開催保証料の収入と前述のRWCの放送権料、スポンサー収入などのマーケティング収入によって4年間のWRとしての活動を支えている。この保証料収入がないと活動できないということだ。それだけまだまだ、ＷＲの活動を十分まかなうだけのマーケティング収入が確保できないということになる。ＦＩＦＡの４年間の放送権収入が数千億円になるのに対して、ＷＲのそれは数百億円程度なのだからこの開催保証料を取らざるを得ないこともやむなしかとは思う。しかし理想的には今後はこの開催保証料を廃止して、開催国のＯＣの負担を軽減していかないとＲＷＣを招致したいと思う国が限られてくることになりかねない。

２００２ ＦＩＦＡ Ｗ杯のケース

次に２００２年に日韓で共催されたＦＩＦＡワールドカップの収支決算について解説し、ＲＷＣ２０１９との違いについて比較してみたい。２００２ ＦＩＦＡ Ｗ杯の公式な収支報告は以下の通りである。

2002 FIFA W杯大会のケース （単位:億円）

収入項目	金額	支出項目	金額
①FIFA分配金	117	①競技運営費	11.7
②チケット収入	251	②会場設営費	126
③スポンサー収入	68	③大会サポート費	97
④開催自治体補助金	95	④情報通信費	16.5
⑤事業収入	39	⑤警備費	25
⑥寄付金・助成金	68	⑥チケット関係費	33.8
⑦運用財産	19	⑦マーケティング関係費	17
⑧その他	5	⑧イベント関係費	17
		⑨広報、PR費	20.5
		⑩放送費	26
		⑪IMC関係費	32.8
		⑫事務局運営費	180.7
		⑬予備費	2
合計	662	合計	606

以上、収支差額約56億円となっている。要するに約56億円の黒字ということだ。

ラグビーワールドカップ2019大会と比較してみたい。まず収入の部からである。表にある通り①FIFA分配金117億円となっている。これはFIFAの収入（放送権やワールドワイドパートナーからFIFAにもたらされる収入）から100mio US$が日本のOCに支払われている（韓国のOCにも同額が支払われている）。これが先程のRWCのケースと大きく異なる点である。

この2002年大会のFIFAの収入はこれくらいの金額（100mio US$）を日本、韓国の両OCに支払ってもびくともしない位に巨額であったということだ。なにしろ日本の放送権だけで約200億円以上の収入がFIFAにもたらされている。全世界ではおそらく1000億円を超えているはずだ。ワールドワイドパートナーの収入も1000億円を超えているものと推測される。とにかく他の国際スポーツ団体と比較して圧倒的に収入が多いのだ。②チケット収入が251億円である。ラグビーワールドカップ2019が389億円だから、少ないと思うかもしれない。ただこのときは日韓共催で試合数が半分になっている。単純に倍にすれば約500億円となり、

ＲＷＣ２０１９を凌駕する。③スポンサー収入が68億円である。これがいわゆるローカルスポンサーである。２００２年ＦＩＦＡＷ杯では日本国内にその権利が限定されているローカルスポンサーのセールス権がＯＣに付与されていた（ＦＩＦＡは全世界に権利を展開できるワールドワイドパートナーにだけ販売したということ）。これもＲＷＣと異なる点である。④開催自治体補助金が95億円。開催自治体10都市からの〝補助金〟となっている。その内訳は、宝くじ（ジャンボ）60億円、宝くじ（ＬＯＴＯ）10億円、宝くじ（スクラッチ）１億７０００万円等が含まれる。実際に開催自治体が拠出したのはＯＣを財団法人として立ち上げる際に出捐した１都市１億円の合計10億円である。ＲＷＣ２０１９では、12都市が合計39億円を拠出している。前者は法人設立に伴う出捐金、後者は大会を組織委員会と共同でホストするという意味のこもった上納金としての支出であるから単純には比較できないが、ＲＷＣ２０１９では自治体の負担がかなり大きかったと言えるかもしれない。⑤事業収入が39億円である。この収入の多くはホスピタリティーチケットの販売によってもたらされたものである。いわゆる食事、お土産付き高額チケットの販売である。例えば決勝のチケットカテゴリー

Aは8万円で一般販売されているが、これに食事やお土産などの特典を付与して、例えば20～30万円で販売する。チケット額面はチケット販売収入にカウントされるが、特典付与分の収入は事業収入にカウントされることになる。これもラグビーワールドカップとは仕組みが異なる。こうしたホスピタリティーチケットの販売がOCには認められていなかった。STHというWRが指定した業者がその権利を取得し、ホスピタリティーチケットの販売を行い、チケット額面金額を組織委員会に支払い、いわゆる特典付与分の収入をSTHとWRで分配している。OCにはホスピタリティーチケットの特典付与分の収入は一切入っていない。⑥の寄付金・助成金68億円。寄付金は財界、一般寄付等で27億円、助成金はスポーツ振興くじから22億円、全国市町村振興協会から5億円、一般財団法人宝くじ協会4億円、その他約10億円というのが内訳である。

ＲＷＣ２０１９では、寄付金等民間資金が54億円、ｔｏｔｏ（スポーツ振興くじ）の助成金が59億円、合計１１８億円だから、２００２ ＦＩＦＡ Ｗ杯当時よりずいぶん増えている。ＦＩＦＡ分配金やスポンサー収入など２００２年大会ではＲＷＣ

２０１９にはない収入が多くあった為、この寄付金、助成金がそれ程多額でなくても、収支バランスがとれるという面もあった。逆に言うと、ラグビーワールドカップでは、こうした寄付金、助成金が多額でないと収支バランスが取れないのではないかとの危惧があったということである。

支出面について見てみたい。総額が６０６億円、ＲＷＣ２０１９が６７７億円だから少ないように思うかもしれないが、２００２ＦＩＦＡＷ杯は日韓共催であり、コストも全体の半分とは言わないがそれなりに減額されていると考えていい（共催ではなく、日本単独開催であったとしたら多分コストは１０００億円に近づいたと思われる）。支出の内容については各項目の表示方法に違いがあるが、両大会共に大きな差異はない。やはり、同じような項目に同じような金額が必要であったという感じがする。

２００７ ＩＡＡＦ 大阪世界陸上のケース

最後に２００７ＩＡＡＦ大阪世界陸上の大会収支報告についても解説しておきたい。

2007大阪世界陸上のケース（単位:億円）

収入項目	金額	支出項目	金額
①開催都市分担金	40.5	①競技運営費	4
②事業収入	49.5	②会場設営費	13
③寄付金、助成金	10	③大会サポート費（宿泊、輸送、フードサービス、ロジ等）	25.8
④その他収入	0.5	④情報通信費	4.2
		⑤警備費	5.3
		⑥チケット関連費	4.6
		⑦マーケティング関連費	1.7
		⑧イベント関連費	5.8
		⑨広報・PR費	3.5
		⑩放送費	6.5
		⑪その他事業費	12.2
		⑫事務局管理費	12.7
合計	100	合計	99.3

まず収入であるが、表①にある通り、開催地の大阪市が40億円を負担している。というのか大阪市が40億円負担することが前提条件として、この大会の大阪招致が決定しているというのが正しい。

②事業収入が49・5億円あるが、内訳はチケット販売収入とローカルスポンサー収入である。チケット販売収入が約22億円、ローカルスポンサー収入が約26億円である。この大会には主催者である国際陸上競技連盟（IAAF）からの配分金はない（勿論IAAFには世界中の放送権やワールドワイドスポンサーの収入が入っている）。ただしローカルスポンサーの販売権は大会のOCに認められている。だから事業収入にローカルスポンサー収入が計上されている訳だ。

③寄付金、助成金収入が約10億円ある。これはこの大会、2007 IAAF 大阪世界陸上が一般財団法人に認定されていることと無縁ではない。一般財団法人に認定されたからこそ、これだけ（約10億円）の寄付金や助成金が得られた訳である。それも開催地が大阪であった為多くは関西の財界から集めた。この大会には宝くじの収益金は入っていない。〝大阪市〟という単一の自治体だけの開催では、一般財団法人に

認定されていたとしても、やはり宝くじの収益金は得られていない（日本全国各地の自治体が開催地になっていることが宝くじ収益金配分を得るには有利である）。

以上、RWC2019、2002 FIFA W杯、2007 IAAF 大阪世界陸上の三つの国際スポーツ大会の大会収支の比較をしてみた。いずれの大会もOCは公益又は一般財団法人に認定されている。しかし、支出面に大きな差異はないものの、収入面においてはかなり大きな違いがあるということがおわかりいただけたものと思う。三つの大会に限らず、国際スポーツイベントは各々の主催団体によってこの収支構造（特に収入）に違いが出てくることはよく理解しておく必要がある。

第3章

組織委員会の構成について

組織委員会のリーダーは事務総長

昨年のＲＷＣ２０１９や２００２ ＦＩＦＡ Ｗ杯やオリンピックのように公益（又は一般）財団法人に認定されたＯＣがスタートする場合、まず最初に理事会が構成される。理事会にはホストユニオンとなる日本の主管スポーツ団体（サッカー協会やラグビー協会）の幹部や政財界、官界、開催自治体からの人材、それに民間等からのいわゆる学識経験者等が就任する。会長はその理事の中からの互選で決まるが、２００２年 ＦＩＦＡ Ｗ杯のときには那須翔氏（元東京電力会長）、２００７年大阪世界陸上は河野洋平氏（日本陸上連盟会長）、ＲＷＣ２０１９大会は御手洗冨士夫氏（キヤノン会長）であり、政財界の有力者がその任につくことが多い。会長は勿論ＯＣの最高責任者であるが、〝象徴〟的存在であるとも言える。ＯＣの実質的リーダーは理事の中から選出される〝事務総長〟である。事務総長がＯＣの〝社長〟であると思えば良い。従ってこの事務総長の人選が最重要であると言って過言ではない。

１９９８年長野冬季オリンピック大会の事務総長は故小林実《まこと》氏、２００２ＦＩＦＡＷ杯は遠藤安彦氏、２００７年大阪世界陸上は逸見博昌氏、ＲＷＣ２０１９は嶋津昭氏である。逸見氏以外の３人は全て旧自治省の事務次官経験者である（逸見氏は文科省）。何故こうした人達が事務総長に就任するのか？　それは上記の大会のＯＣが全て公益（又は一般）財団法人に指定されているからである。前述の通り、公益（又は一般）財団法人に指定された組織委員会には公的資金の導入が可能となる。公的資金とは宝くじやｔｏｔｏの助成金である。特に宝くじの収益金はＯＣの大きな財源となる。２００２年ＦＩＦＡワールドカップの際には約60億円、２０１９年ラグビーＷ杯では１００億円もの額になっている。この宝くじの監督官庁が総務省（旧自治省）である。

そもそも宝くじというのは、法律用語で言えば「当選金付証票」ということになり、昭和23年に制定された地方財政法の32条の定めに従って発売されているものだ。この32条には、「総務大臣が指定する市は、公共事業その他公益の増進を目的とする事業で地方行政の運営上緊急に推進する必要があり、総務省令で定める事業の財源にあてる必要があるときは、当選金付証票を発売することができる」と定められている。そして、総務省令で定める事業というのは、現在12の事業が指定されている。その概略のみ記す。

1. 国際交流に係る事業
2. 地方公共団体が運営に関与する、博覧会、見本市、展示会、文化事業等
3. 地域における人口高齢化、少子化等に係る事業
4. 衛星通信網に係る事業
5. 芸術・文化の振興に係る事業
6. 災害の予防の為の事業
7. 地域経済の活性化に係る事業
8. 社会貢献活動に係る事業
9. 環境の保全・創造に係る事業
10. 調査、研究、人材の育成に係る事業

11. 平成31年ラグビーワールドカップの運営に係る事業
12. 平成32年東京オリンピック、パラリンピックの運営に係る事業

この省令の定めによって、RWC2019の大会運営の為に100億円の宝くじからの拠出金があてられた訳である。念の為、お断わりしておくが、前述の大会OCが財団法人（公益財団法人）に指定されたからといって、自動的にこの宝くじの拠出金が出る訳ではない。あくまでも総務省令で対象事業に認定されなければならない。2002 FIFA W杯でも、この省令で対象事業に認定されている。

この宝くじの総元締めの旧自治省のトップ3人が各々のOCの事務総長に就任している。宝くじの収益金がOCの大きな財源になるからという理由であるが、それだけではない。各々の大会は全て地方自治体との協力関係の中で成り立っているという事実も忘れてはなるまい。2002 FIFA W杯は全国10都市で開催されている。当然この10都市との連携は極めて重要な大会運営の要である。RWC2019は全国12

都市で開催された。このときも各都市自治体との連携が重要であったことは言うまでもない。長野冬季オリンピック、２００７ＩＡＡＦ大阪世界陸上などでも当然開催地自治体との協力関係は大会招致、運営、財政等あらゆる面で重要であった。だからこそ旧自治省であったり、文科省であったり、国の役所の幹部がＯＣのリーダーになっている。

国・地方自治体職員の参加

ＯＣのリーダーが旧自治省や文科省の幹部であるとすれば、当然このリーダーをサポートする役割は国の省庁や地方自治体の職員が中心となる。ＪＲ２０１９を例にとってみると、

事務総長　総務省（旧自治省）
事務総長代理　文部科学省
開催都市業務局長　総務省

人材戦略局長　総務省
総務局長　文部科学省
ICT統括局長　総務省（旧郵政省）
トーナメントサービス局長　東京都
警備局長　警察庁
調達部長　文部科学省（スポーツ庁）
開催都市業務部長　横浜市
総務部長　東京都

この他スタッフを入れると総勢で30人程度の方々が国や地方自治体からOCに出向していた。

2002 FIFAワールドカップ組織委員会（JAWOC）のケースは、

事務総長　総務省（旧自治省）

総務局長　　　　　　　　　文部科学省
トーナメントサービス局長　総務省
警備局長　　　　　　　　　警察庁
総務部長　　　　　　　　　文部科学省　等

2007 IAAF 大阪世界陸上は、事務総長が文部科学省であり、幹部には文部科学省と開催地の大阪市からの出向者が要職を占めた。

以上いずれの大会もやはり、総務省と文部科学省それに開催地自治体からの出向者が多い。総務省は前述の理由によるが、文部科学省が多いのはスポーツが文部科学省の主管である為である。

専門職の採用－民間企業から

前述の通りOCには、国や地方自治体の職員が出向し、その業務の主要なパートを担うことになる。しかしこの人々は国際スポーツイベント運営の専門家ではない（一部をのぞいて）。勿論警察庁から出向してくる警備担当や、旧郵政省から出向してくるIT・通信関係の担当者など一部はその業務の専門家がいることは事実である。しかしその他多くの国・地方自治体の職員の方々はその多くが管理部門を担当し、OC内の事業運営に必要な専門職は別途採用しなければならない。どのような専門職が必要なのか？　RWC2019を例にとってみたい。大きく分けると、〈会場整備・運営業務〉〈トーナメントサービス業務〉〈競技・チームサービス業務〉〈チケット販売、販売促進業務〉〈広報、コミュニケーション、広告戦略業務〉〈開催都市関連業務〉〈企画、調整業務〉〈人材戦略業務〉〈財務、経理業務〉〈総務全般〉〈競技スポーツ団体連携業務〉〈通翻訳チーム〉等である。こうした業務を遂行する為には各々の専門職が必要となる。ではどうやって専門人材を集めるのか？

まず最初の方法は、こうした業務に精通した企業からの出向である。2002 FIFA W杯でも、2007 IAAF 大阪世界陸上でも、RWC2019でも多くの民間企業から出向していただいた。例えば、宿泊・輸送業務ではＪＴＢ、チケッティング業務ではぴあ、マーケティング業務では電通、プロジェクト管理ではＥＹ、警備業務はシミズオクト、ロジスティックは日通、ケータリングはエームサービス、仮設物の施工管理は山下ＰＭＣ、電源業務は東電タウンプランニング、ＩＴ設計は富士通、印刷物管理は凸版、装飾・制作物管理はムラヤマ、等々数え上げたらきりがない。こうした企業は各々の業務に元々精通しているだけでなく、担当者（出向者）が２００２ＦＩＦＡワールドカップの業務経験者であることもめずらしくなく、大変大きな戦力となった。

専門職の採用－プロパー

前述の企業からの出向者は大変大きな戦力になった訳であるが、残念ながらこうした人々だけでは必要な専門職をすべてうめることはできない。そうした場合は、プロパー職員を採用する。しかし、これがなかなか難しい。ＯＣの財政上の理由も勿論ある（なにしろ予算上多額の人件費は無理だから）。又、時限雇用であることもネックになる（大会が終わるまでの契約だから）。しかし何よりもなかなか適切な人材がいないということが大きい。国際スポーツイベントに於ける専門職なんて正直日本にそんなにいないのが実情だから。しかしWRからは様々な専門職の雇用を求められる。例えば、大会時に会場オペレーションの責任者になる〝ベニューマネージャー〟最低8名、参加全チームに帯同する〝チームリエゾン〟最低20名（英語必須）、チームへの対応業務をマネージする〝チームマネージャー〟最低6名（英・必）、国際メディア担当者、国際法務担当者、海外VIP接遇担当者、海外VIP、チーム等への輸送提供業務責任者、観客サービス業務のエキスパート、ケータリング（特にビール提供業務）のエキスパート、数え上げたらきりがない程だ。

こうした人材を国内で採用しなければならないが、そう簡単に見つからない。勿論、求人サイトや求人誌などできるかぎりの手をつくし、人を求める。ラグビー関係者はもとよりサッカーの関係者にも協力を求めた。OCの人事部門、現場の担当者が必死で求人をした結果、日本人スタッフで採用できた業務もたくさんあったが、正直全てをうめきれなかったというのが実情だ。どうしたかは次項で説明するが、やむなく外国人スタッフに頼まざるを得なかった。

専門職の採用－外国人

前述のようなスタッフを日本人で見つけることは困難であろうことは、WRの幹部は早い段階で危惧していた。又、彼らにしてみれば、無理に業務に慣れない日本人を採用するより2015ラグビーワールドカップイングランド大会の組織委員会で働いた経験のある欧米人スタッフを採用させたいとの思いが強かった。しかも欧米（というよりヨーロッパとオーストラリア、ニュージーランド）にはこうした人材がフリーで存在していた。仕事にあぶれていた人が大勢いたということも言えるかもしれないが、別の言い方をすればこうした国際スポーツイベントのOCを渡り歩いて生活している専門職の人がいるということだ。

WRはこうした人材をOCに採用させるべく圧力をかけてきた。正直、OCにしてみれば有難迷惑な話である。確かに経験はあるかもしれないが、日本という国で果たして彼らが本当にちゃんと働けるのか？　言語も、地理もわからない彼らが戦力になるのか？　疑問だらけだった。しかもコストは日本人の倍以上かかる（住居費も必要）。消極的にならざるを得ない。しかしWRが求める専門職がこれ以上日本で見つけられない以上仕方ない。残念だが、仕方ないのだ。最終的には30名位の外国人スタッフを採用したが、彼らは期待以上に役に立ったと思う。しかし、課題も多かった。課題の一つは次項で述べる言語の問題（コミュニケーションの難しさを痛感した）、それと文化の違い。というか、やはりどうしても日本のOCの中で外国人スタッフだけが寄り集まってしまうのだ。集まるだけでなく、自分達だけで勝手に仕事を進めようとする。当然、日本人スタッフとの間に軋轢が起こる。こうしたことは日常茶飯事だった。日本人スタッフと外国人スタッフの間のコミュニケーションが絶対的に不足していたのだ。その原因は言語の問題なのは言うまでもない。それだけに優秀な通訳者の存在は極めて重要だ。

国際スポーツイベントの運営を担うOCのオペレーションに外国人スタッフを加え

ていくことは今後も時代の流れなのだと思う。しかしそれだけに、こうした課題にどう対処するかを事前に十分検討しておくことが重要だと思う。

専門職の採用ー通翻訳チーム

ＷＲＣ２０１９程、通翻訳チームのお世話になったケースを知らない。２００２ＦＩＦＡ Ｗ杯でも、２００７ ＩＡＡＦ 大阪世界陸上でも勿論通訳者、翻訳者はいた。しかしどうだろう、２００２年も２００７年も各局に１人２人位英語ができるスタッフがいたが、それ以外専門の通訳者、翻訳者というのはごく少数（２〜３人）だったと記憶している。

しかしＲＷＣ２０１９では、常駐する通訳者だけで４〜５名、翻訳者は別途１名。それに契約先の通訳専門会社のスタッフが毎日数人会議通訳の為に来ていた。特に外国人スタッフが大勢ＯＣに採用された大会２年前位から全ての会議で同時通訳を入れていた。通常一つの会議の同通には最低２名の通訳者が参加した。ＲＷＣ２０１９の場合、WRのオフィスが東京にあり、10名位のスタッフが常駐していたので、OC内の会議のみならず、頻繁に行われるWRスタッフとの会議にも通訳者は必要だった。通翻訳にかかわるコストも膨大であった（欧米で開催される場合はこうしたコストは必要ない訳で、日本は本当に不利だなと思う）。今後もこうした流れは止められまい。英語だけではなく他の言語の通訳も必要になるかもしれない。日本で行われる国際スポーツイベントのオペレーションには、この通翻訳者は欠くことのできない重要なスタッフであることを明記しておきたい。

第4章

大会運営にかかわる役割分担と意思決定

意思決定は〝主催者〟が行う

国際スポーツイベントを日本で開催する際その大会の運営にかかわるのは、すでにこれまで述べてきた通り、①主催者（国際スポーツ団体）②ホストユニオン（国内スポーツ団体）③ＯＣ ④開催自治体　の四者と考えれば良いと思う。各々の役割分担について述べてみたい。

大会運営に於ける最高意思決定権者は常に主催者（国際スポーツ団体）である。

●大会日程及び競技スケジュールの決定
●大会会場や施設等に関する承認
●マーケティングルールについての決定
●チケット価格や販売スケジュール、販売方法の承認
●大会マーク、ロゴ等の使用についての承認
●チーム、オフィシャル、ＶＩＰ等ホテル決定の承認

●テレビ放送局及び映像制作事業者、映像配信ルール等の決定
●電源、照明、ITシステム等の承認
●競技実施体制の構築の決定
●その他ホストユニオンの役割決定
●OCの役割決定
●開催自治体の役割決定

等である。上記の内「決定」とあるのは主催者が決定し、OCに通達する。「承認」とあるのはOCがプランを作成し、主催者の「承認」を求める必要のある項目である。

ホストユニオンの役割

ホストユニオンの役割は「競技運営」のサポート、気運醸成や広報、PR等のサポート、そして最終的に財務責任を負う。財務責任を負うのは、OCではないのか？　という疑問が起こると思う。大会の運営の全てに責任を持つOCが財務責任を負うのが

当然と思われるかもしれない。しかし大会を招致した母体はあくまでもホストユニオンである。従って大会が赤字になった場合、ＯＣは赤字決算となるが、その赤字の負担はホストユニオンである。

ただこれはあくまで原則であり、大会によってはこのスキームが異なることもある。２００２ ＦＩＦＡ Ｗ杯やＲＷＣ２０１９の場合、収支の最終責任はホストユニオンにあった。幸い、この二つの大会は大幅な黒字となった為、ホストユニオンであるＪＦＡには乗余金が推定55億円程度入っている。ＲＷＣ２０１９では公表されている乗余金は68億円であり、このお金もホストユニオンであるＪＲＦＵに入っている。ＪＦＡはこのお金で現在のオフィスビルを購入したとされている。又ＪＲＦＵの場合は秩父宮ラグビー場の移転に伴う新ラグビー場建設資金の一部に充当されるという案もとりただされている。

一方２００７ ＩＡＡＦ 大阪世界陸上のケースはこの二つの大会とは構造が異なる。収支の最終責任はホストユニオンである日本陸上競技連盟にはなかった。赤字でも黒字でも日本陸連は影響を受けないスキームであった。ではどこがその責任を負ったのか？　大阪市と電通である。大会予算約80億円のうち大阪市が40億円を拠出し残りの40億円については電通が責任を担うこと。電通はスポンサー権、チケット販売等でこの40億円をまかなうことを決められていた。万一、赤字が出た場合は大阪市と電通が折半、黒字が出ても折半という規定であった。幸いこの大会もコストが80億円から約100億円にふくれ上がったものの寄付金、助成金に加え、チケット収入、スポンサー収入が好調に増加した為、若干の黒字となっている。

日本で行われたこうした国際スポーツイベントの場合、この2007大阪世界陸上のようにホストユニオンが財務責任を負わないケースが数多く存在していることも事実である。こうしたケースでは、これまでは開催自治体や電通のような民間の事業会社あるいは新聞社や放送局などのメディアなどが財務責任を負うことがめずらしくない。

開催自治体の役割

開催自治体の最も重要な役割は、会場を整備提供することである。競技場を単純に提供すれば良い訳ではない。国際スポーツイベントを実施できるレベルの整備をして提供しなければならない。詳細は後述するが、電源、照明、芝、諸室、大型スクリーン、売店、ＶＩＰルーム、ホスピタリティー施設等、多岐にわたる。

組織委員会の役割

そしてＯＣはその他ほとんど全ての大会運営の業務を担当する役割を担う。

・大会会場整備（開催自治体と分担）
・トーナメントサービス（宿泊、輸送、ケータリング、ロジ、警備、接遇等）
・情報通信の整備
・チケット販売
・マーケティング
・イベント
・広報、ＰＲ

・放送サービス、メディアサービス

等であるが、前述の通り、ほとんど全ての業務。遂行にあたっては、主催者の〝承認〟を得ることが必要である。何故そうなるのか？　財務責任を負わない主催者が〝承認権〟を持っているのは、いわゆる「ホストユニオンアグリーメント」と言われる開催契約書が存在するからである。

ホストユニオンアグリーメント

ホストユニオンがワールドカップや世界選手権などの国際スポーツイベントを日本に招致する場合、その多くは世界の他の国（都市）との競合に勝ち抜かなければならない。各国のユニオンや各都市は今やこうした大型の国際スポーツイベントを招致することに大きな力をそそぐ。従って、多くの場合招致は複数国（ユニオン）間で競合し、国際スポーツ団体の理事会等での選挙によって決められるケースが多い。このような競合を勝ち抜いて招致に成功すると、国際スポーツ団体はまず最初にこのホストユニオンアグリーメント（開催契約書）へのサインを求めてくる。競合を勝ち抜いて喜びに包まれているホストユニオンはこのホストユニオンアグリーメントの内容でいちいち国際スポーツ団体ともめることを好まない。せっかく勝ち取った招致を台無しにしたくないから。しかし問題はこのホストユニオンアグリーメントの内容である。ほとんどの場合、〝奴隷契約〟と言いたくなる位、主催者である国際スポーツ団体に有利に書かれている。先程のようにOCが行う大会運営にかかわるあらゆる業務の遂行に〝承認〟を求めざるを得ないのは、すべてこのホストユニオンアグリーメントに定められている条項によっているのである。

ＲＷＣ２０１９で最も困ったことは委員会内の〝組織編成〟や〝幹部人事〟までこの〝承認〟を得なければならない規定になっていたことである。事実、組織の編成に於いて大幅な主催者の介入を受けた。ＯＣは大会が近づいていくにしたがって組織新設や変更を行う。これを実施するにあたっては主催者であるワールドラグビーの承認を得なければならない。ＯＣの組織案がワールドカップの意向によって変更させられたことも多々あった。

幹部人事にも介入してきた。局長クラスの人事の介入である。「現在の局長は適任ではない。差しかえるように」という要求を受けたこともある。こうした要求はすべてホストユニオンアグリーメントの規定に定められているルールなので、受けざるを得ない。こうした介入は〝組織編成〟や〝幹部人事〟のみならず、他の業務遂行に当っても数多くあった。例えばチケット価格の決定、大会マスコットの決定、チームキャンプ地の選定、会場改修計画の策定などなど数え上げたらきりがない程である。

後述するが、日本が今後大型国際スポーツイベントを招致するにあたっては、必ずこのホストユニオンアグリーメントなるものをきちんと吟味する必要がある。それは、組織や人事への介入という問題だけではなく、あらゆる大会運営のコストと不可欠であるからである。

組織委員会内の意思決定

ＯＣの最高意思決定機関は理事会である。しかし理事会は年に３～４回程度の開催である。理事会で承認を得るのは、◎年度の事業計画、◎年度の予算・決算、◎重要な組織人事、◎理事の選任、◎その他重要事項　などである。従って、その他の大会運営上のほとんどの業務の意思決定はＯＣの実務の総責任者である「事務総長」が行う。前述の通り、大会運営業務遂行のリーダーは「事務総長」であるから。とはいえ、ＯＣも財団法人に認定されていれば一般の企業と同じく、事務総長の独断で決定する訳にはいかない。企業のようないわゆる役員会のようなものが必ず存在する。

２００２ ＦＩＦＡ Ｗ杯では、事務総長を議長とし、８人の局長が参加する「局長会」が存在し、この「局長会」で実務上の決定を行っていた。２００７ ＩＡＡＦ大阪世界陸上では、事務総長を議長とする実行員会が存在していた。メンバーは事務総長の他、財務責任を負っていた大阪市の代表者、同じく電通の代表者（筆者）、それにホストユニオンである日本陸連の代表者2名の5名であった。この「実行委員会」が実質的に実務の意思決定機関であった。

ＲＷＣ２０１９では、事務総長を含む4名の業務執行理事による「業務執行理事会」が存在し、ここで実務上の意思決定を行っていた。ただし、ＲＷＣ２０１９の場合は、大会の1年程前から業務が広範囲に及び極めて専門性の高い実務が多数存在したことから、「業務執行理事会」のもとに4ED会（4人のエグゼクティブディレクター）なるものが設置され、この4ED会に於いてほとんどの実務上の意思決定を行っていた。勿論この4ED会の決定は「業務執行理事会」に報告していた。私自身は、「業務執行理事会」のメンバーでもあり、4ED会のメンバーでもあった。4ED会のメンバーは管理部門を統括する日本人のEDと、大会オペレーションを統括する英国人のED、企画調整を統括するオーストラリア人のED、それに事業部門を統括するEDとして筆者が入っていた。この4ED会のメンバーも実は主催者であるWRの意向が強く反映されたものである。2名の外国人はRWC2015イングランド大会のOCで要職についていた人材であり、WRからの強い推薦でRWC2019のOCのEDとして参加していた。

このように外国人2名を含む4ED会なるものが存在し、しかもここで実務上の意思決定がなされていたことは、これまでの日本での国際スポーツイベントの例から見て極めて異例のことであった。ただ今後はこうした国際スポーツイベントの実務経験者が国境を越えて参加することは歓迎すべきことかもしれない。積極的に検討する価値はあると思う。ただし主催者である国際スポーツ団体から押しつける型での参加はいただけないが。

第5章

会場整備

日本で国際スポーツイベントを実施する場合、最も重要な課題が会場整備である。２００２ＦＩＦＡＷ杯やＲＷＣ２０１９のように日本各地の10以上の会場を使用して開催される大会では、この会場整備の問題が特に重要となってくる。

前章で述べたように、会場を整備して提供するのは開催自治体であることが多い。しかし国際スポーツイベントを実施する為に会場を整備することは開催自治体だけでは解決しない。やはりＯＣが開催自治体と一緒になってこの課題に当る必要がある。何故なら日本の多くの競技場（スタジアム）はその多くが国際スポーツイベントを実施する為の設備を十分に備えていないからである。何故そうなのかについては一旦置いておく。何が十分でないのかについて論を進めたい。

ホスピタリティー施設

ＲＷＣ２０１９において、会場整備のうち最もお金がかかったものの一つがホスピタリティー施設の設営である。ＲＷＣ２０１９のような大型の国際スポーツ大会に於いては、三つの種類のホスピタリティー施設が必要となる。

（１）Ｖ・ＶＩＰ、ＶＩＰ招待者用のホスピタリティー施設
（２）スポンサー用ホスピタリティー施設
（３）ホスピタリティーチケット購入者用の施設

である。このうちＯＣが直接責任を持って施設を設営する必要となるのが（１）と（２）である。ＲＷＣ２０１９の決勝戦が行われた横浜国際競技場の場合、こうした施設が常備されていない。皇族や元首等をお迎えする貴賓室や、一定の人数を収容できるホスピタリティースペースは常備されている。しかしＲＷＣ２０１９の決勝戦のようにＶ・ＶＩＰ、ＶＩＰ合わせて１０００名を越えるような招待者に対応する施設は存在していない。これにどう対応するのか？　仮設のホスピタリティー施設を設営するのである。幸い横浜国際競技場の場合、入場ゲートの手前広場に広いスペースがあり、ここに仮設のホスピタリティー施設を設営した。コンコースと言われる部分である。４階コンコースにＶＩＰ招待者用のホスピタリティー施設、５階コンコースである。

にスポンサー用ホスピタリティー施設を設営した。この二つの施設を設営するのに約10億円のコストがかかった。大会が終了すればすぐに撤去するものに10億円かけたのだ。何とももったいない話であるが、仕方ない。海外、特にヨーロッパに於ける有名な国際的スポーツ競技場の場合、こうしたホスピタリティー用の施設が常備されている。だからRWC大会のような大型の国際スポーツイベントを開催しても、このような余分なコストがかからないのである。日本の場合、日本を代表する国際スポーツ競技場の横浜ですら、こういう状況である。

オリンピック、パラリンピック東京2020のメイン会場となる新設の新国立競技場の場合はどうか？　残念ながらこの競技場の場合も1000人規模のホスピタリティー施設は常備してない。当初の計画段階では、こうした施設も含まれていたらしい。しかし、その後の建設費が高額過ぎるという世論の声によって、こうした施設の設営も断念している。これでは国際スポーツの世界から見たとき、日本は本気で大型の国際スポーツ大会を招致する気があるのかどうか疑わしい目で見られかねない。

光ファイバーの敷設

ＲＷＣ２０１９の12の会場すべてにデータ通信用及びテレビ放送用の光ファイバーをダブルで敷設することをＷＲから求められた。実は２００２ ＦＩＦＡ Ｗ杯の際も同じように光ファイバーのダブル敷設を行っている。ダブル（冗長化と言う）にするのは、１本の回線が何らかの理由で切断されても、ただちに他方の回線で肩代わりできるようにする為である。

12の会場では通常サッカーやラグビーの国内試合が行われる際にも当然テレビ放送、データの通信の為の光回線は必要である。しかしこの場合はシングルで対応している。だから通常は光回線がダブルで敷設されることはない。ほとんど切断事故は起こらないことが前提になっているし、テレビ放送の場合は仮に切断事故があってもサテライトに切りかえることも可能であるからだ（ただし少し時間がかかるが）。

しかしＲＷＣ２０１９や２００２ ＦＩＦＡ Ｗ杯のような大型の国際スポーツ大会

の場合、光回線の切断事故による放送事故（映像が途切れること）や、データの通信が不可になるような事故は絶対に許されない。世界中に配信している映像がとぎれてしまえばＷＲは多額の補償を契約している世界中の放送局から求められる。勿論世界中でゲームの観戦を楽しみにしている多くのファンに対しても許されるものではない。

だから万一、光ファイバーの切断事故が起こっても映像やデータの配信が絶対に停止しない光ファイバーのダブル敷設が必要となってくるのだ。この為の費用はＲＷＣ２０１９の場合12の会場に用意し、ＩＢＣ（国際放送センター）を全て結ぶ必要がある為、膨大なものとなった（日本全国に新たに張りめぐらしたと理解していただければと思います）。金額にすると約15億円かかった。これも又大会終了後全て撤去した。そのまま残しておけば良いのではと思うかもしれない。しかし事実は撤去せざるを得ないのだ。何故なら、これらの回線を維持する為のコストが毎年約1億円かかる。このコストを誰が負担するのかという問題がある。競技場や自治体では負担できない。このコストを回収できないからである。

これらの競技場を使用するサッカーやラグビーの団体、具体的にはJリーグやトップリーグ。それにテレビ放送を実施する放送局が分担すれば良いのではないかとも思えるが、前述の通りどうしてもダブルの回線が必要かと言うと、〝あったほうがいいが、なくてもいい〟という判断になってしまう。コストを負担してまでなくてもいいというのが実状である。

ヨーロッパに於いては、光ファイバーの回線のダブル化はすでに常識となっていると聞いている。ダブルの光回線を維持するためのコスト、誰がどういうふうに負担しているかは私も残念ながら正しくは承知していない。ただ今後日本がこうした大型の国際スポーツ大会を招致するとすれば、又この問題は発生することだけは間違いない。

予備電源の必要性

会場整備の三つ目の大きな課題は、予備電源の調達である。勿論どの会場（競技場）にも電源は用意されている。会場内の諸室の電気設備、ナイター用照明、大型スクリーン、テレビ放送などの電源は通常整備されている。しかし、大型国際スポーツイベントが開催される場合、このような通常常備の電源だけでは不十分なのである。

なぜ不十分なのか？　まず第一にすべての電源にダブルスタンバイが求められる。前述の光ファイバーの項でも説明したが、何らかの事故発生（具体的には停電）に対応する為にダブルスタンバイが必要となる。

特に放送用電源や照明用電源はダブルスタンバイは当然のこと、さらに万一の事故（停電）が起こった場合に瞬時に予備電源に切りかわることが求められる。切りかわりの為に許される時間は1秒以下である。こうした特別な予備電源の調達は残念ながら国内では困難であり、海外にそれを求めざるを得ない。さらにこうした瞬時に切りかわる予備電源を全ての会場に用意するとなるとコストも膨大である。ちなみにRWC2019の場合のコストは25億円程度であった。

ついでに予備電源ではないが、会場に常備されている通常電源の他に大型国際スポーツイベント時には追加で調達する必要のある電源も多数ある。例えば、諸室で利用するコピー機やテレビモニター用の電源、ホスピタリティー施設で利用する調理用機材の為の電源、飲食売店、物品販売店でのカード決済用の端末用電源、ビール等の飲食物を保管する為の冷蔵庫の為の電源、電子広告看板用の電源などなどであり、数え上げたら枚挙にいとまがない程だ。しかしこうした電源を追加で調達する際には同時に全て配線も必要となる。大型国際スポーツイベントを開催するときは会場内にくもの巣のように電源用の配線が張りめぐらされることになるのだ。こうした予備電源が追加電源の調達によるコストは会場整備という大会運営の重要業務の中でも高い割合を占めるものであることを明記しておく必要があると思う。

照明、大型映像装置及び放送施設の整備

次に大型国際スポーツイベント実施に際しての会場整備の中で重要な要件が照明装置、大型映像装置、それに放送用の施設の整備である。照明は競技運営上及びテレビ放送上の必要性から競技場全体を一定の照度に保つ必要がある。この一定に照度を保つことがなかなかに難しい。あの広い競技場を一定の照度に保つ為には、通常の照明

装置だけでは不十分で、追加の照明を新たに取り付けることが必要になることがしばしばである。単に新しい照明を取り付けるだけでなく、その照度や角度も重要になる。RWC2019の場合、12の会場全てでこの照明の設備が何らかの型で必要であった。照度不足や照度のバラツキなどの問題が多かれ少なかれあったということだ。

こうした照明の課題に対応する為、まずは海外の専門の事業者に委託して、全会場の照明の問題点の洗い出しをする。その上でそれらの問題点の解決策を提案してもらい、その解決策が実際に実施可能かどうかの調査を行い、その上で解決策を実行する。現実には照度不足などの問題点が指摘されたとしても追加照明装置をどこに設置するかなどの問題が別途発生することもある。追加照明装置を設置する為にやむなく販売用の座席をつぶさざるを得ないこともある。

とにかく日本の競技場に於ける通常の照明装置というのは、大型国際スポーツイベント実施時の基準に適合していないことがほとんどであり、その解決の為に多額のコストが必要となることも覚悟せざるを得ないのだ。ちなみにRWC2019で求められた照度は1500~2500ルクスであった。ラグビーのトップリーグは1000

ルクス以上、Ｊリーグでも１５００ルクス以上というのが規定になっているようだ。これは、ナイトゲームに於けるテレビ中継があまり多くないという事情が背景にあると思われる。

次に大型映像装置の整備についてふれたい。大型映像装置というのは、ＦＩＦＡＷ杯やＲＷＣなどの大型国際スポーツイベント実施の際には極めて重要な装置である。各試合の開始前（ゲートオープン）から試合終了後までの間、様々な情報を観客に向けて発信する。例えば試合をするチームの紹介、選手紹介、ならびにレフリー等のマッチオフィシャルの紹介、観客への注意事項、飲食等の販売店の紹介、スポンサーの広告、試合終了後の観客誘導、最寄り駅の電車の運行状況、等々である。ＲＷＣ２０１９の場合、この大型映像装置を各会場に2基設置することが義務付けられる。サイズの規定もある。最低でも60㎡の必要がある。さらに前述の通り、万一の停電に備えて電源をダブルスタンバイしておかなければならない。日本の各地の競技場の場合、この規定に適合するのは限られる。１基しか設置されていなかったり、２基設置されていてもサイズが不足したりする。その場合は追加でサイズが適合する大型映像置を調達しなければならない。

放送施設の整備も会場整備の大事な要件の一つである。ＦＩＦＡ Ｗ杯、世界陸上、ＲＷＣなどの大型国際スポーツイベントの場合、テレビ放送は極めて重要な要件である。世界各国の放送局から得られる放送権収入が莫大であること。又テレビを通じ世界中のファンの人達に大会を、試合を観戦してもらえること。大会の価値を高める為の最高の武器であると言っても過言ではない。

大会収支の項でもふれたが、放送権収入は、ＦＩＦＡ Ｗ杯も世界陸上もＲＷＣも共通してその収入は国際統括団体（ＦＩＦＡ、ＩＡＡＦ、ＷＲ）にもたらされる。それだけに放送施設の整備については各統括団体とも大変神経を使うし、それだけ大会のＯＣへの要求も厳しくなってくる。何が求められるか？ 最も重要なのは、国際放送センター（ＩＢＣ）の設置である。そもそもこうした大型の国際スポーツイベントの場合（オリンピックも同じではあるが）、放送権を取得した各国の放送局に対しては国際スポーツ統括団体が大会の（各試合の）映像を制作して配給する義務を負う（国際映像＝インターナショナルフィード）。

前述のように各国際スポーツ統括団体は各国の放送局から多額の放送権料を受け取るが、その一方でこのような国際映像＝インターナショナルフィードを提供する義務を負う。この国際映像＝インターナショナルフィードを制作し、各放送局に配合する為に必要なのがＩＢＣである。ＩＢＣは、ＦＩＦＡやＷＲなどから委託された国際映像制作会社が拠点を置く。それに各国の放送局がブースを設置する。２００２ＦＩＦＡ Ｗ杯日韓大会では「横浜パシフィコ」にＩＢＣが設置された。２００７ ＩＡＡＦ 大阪世界陸上は会場となった長居競技場横に設置された。又ＲＷＣ２０１９の場合は、開幕戦の会場となった東京スタジアムの駐車場に設置された。

ＦＩＦＡ Ｗ杯のように大会の会場以外に設置しても良い。必ずしも大会会場内である必要はない。光ファイバーでＩＢＣと全会場をつなげばそれでＯＫだ。ただ横浜パシフィコの例でもわかるように、スペースはかなりの広さが要求される。それは前述の通り、国際映像制作会社の他に各放送局の部ブースも必要となり、機材等を含めるとかなり広いスペースが必要となるからだ。

芝生の整備

会場整備の中で忘れてはならないのが芝の整備である。大型国際スポーツイベント開催の場合、会場の使用期間が長期にわたることが多い。ＦＩＦＡ Ｗ杯が約１ヶ月、世界陸上は１週間、ＲＷＣは約１ヶ月半である。世界陸上は１週間同じ競技場で行われる。ＦＩＦＡ Ｗ杯、ＲＷＣの場合は、日本全国10～12の会場で行われた。ＲＷＣの場合試合数の少ない会場は２試合、多い会場は８試合であった。

約１ヶ月から１ヶ月半の間に８試合行うとすると、会場の芝は相当のダメージを受けることを覚悟する必要がある。従って、こうした大型国際スポーツイベントを開催することになる会場はその大会に合わせて相当長い期間（大会の半年以上前から）、芝の育成と手入れを入念に行う。そもそもどの会場も毎年夏から冬に向けて夏芝から冬芝へ張りかえを行うのが通例であるが、この切りかえ後の育成、手入れが重要である。ただ天候不順とか手入れ不良とかによっては芝がうまく育成できず、大会運営に支障をきたすようなことも考えられる。こうした場合には、芝の張りかえを行うこともある。

さらに近年、ラグビーのように運動量が激しいスポーツの場合、これまでの天然芝ではなく、ハイブリッドと言われる人工芝を使用することが多くなっている。人工芝と言っても、このハイブリッド単体で使用する訳ではなく、天然芝にハイブリッド芝を混ぜて、天然芝を強化することが通例のようだ。現に、ＲＷＣ２０１９大会ではこのハイブリッド芝を採用した競技場が多く存在した。東京スタジアム、横浜国際総合競技場、神戸市御崎公園球技場、大分スポーツ公園総合競技場などである。

第6章 トーナメントサービス

前章で会場の整備について記述した。大型国際スポーツイベントの開催にあたって、大会の運営面で重要な要件がトーナメントサービスと言われる業務である。トーナメントサービスとは、具体的には通常、①宿泊・輸送 ②ケータリング（食事提供）③ロジスティックス（運搬）④セキュリティー（アクレディテーション含む）⑤トーナメントゲスト の5項目である。会場整備にも多額のお金がかかるが、このトーナメントサービスにも多額のお金がかかる。特に宿泊・輸送とセキュリティーにかかる。特にＦＩＦＡ Ｗ杯やＲＷＣのように全国各地（10～12会場）で開催される場合は、これら全ての会場でここにかかげる五つの業務を実施する必要があり、これだけ考えても手間とお金がかかりそうなことはご理解いただけると思う。各項目毎に順次業務の概略をお話ししてみたい。

宿泊・輸送

宿泊・輸送のコストは、トーナメントサービス全体の中でも最も多額になる。大型国際スポーツイベントの場合、これに参加するチーム（選手、スタッフ）、オフィシャル（マッチコミッショナー、レフリー、ドクター等）、役員・スタッフ（国際スポーツ統括団体）、及びＶＩＰ等招待者。これら全ての人々の航空運賃、国内輸送費、及び宿泊費が必要になる。ちなみにＲＷＣ２０１９大会の場合、チームは全参加で20チーム、1チームあたり選手、スタッフで総勢約50名になる。航空運賃の往復ビジネスクラス。日本チームを除く19チーム分の費用が発生する。ヨーロッパ、アフリカ、南米、北米、オセアニア、各々の大陸から日本にやって来る。勿論、日本からの距離によって運賃に差がある。極めて単純な計算だが、1人平均片道50万円とすると、往復で１００万円、これが50名×19チームとなると、総額で9億５０００万円ということになる。これがチームだけだ。これにトーナメントオフィシャル、役員、スタッフ、ＶＩＰ招待者等を加えると、その総額は15億円程度になったのではないだろうか。

お金の話ばかりしたが、この国際航空の手配という業務も結構大変な仕事である。日本に来る便の手配は比較的簡単であるが、問題なのは日本からの帰国便の手配である。チームの場合、どのチームがいつ敗退して帰国することになるか不明だからだ。

ＦＩＦＡ Ｗ杯やＲＷＣもプール戦があり、その後ベスト８による決勝トーナメントが行われる。だからどのチームも、プール戦終了までは日本にいる。でもどのチームが敗退して帰国することになるかは、プール戦をやってみないとわからない。決勝トーナメントになっても、どちらのチームが負けて帰国することになるかわからない。要は帰国便の予約が不可能に近いのである。ではどうするのか？ 予想をするのである。どのチームがプール戦を勝ち抜けるか！ どのチームが決勝トーナメントのどこで敗退するか！ 予想を立てて、それに従って帰国便の手配をしておく。勿論全て予想通りにはいかない。安全を見るなら、ダブルスタンバイをしておくこともある。予想がはずれて、慌てて高額の航空便を押さえたり、いくつかの便に分乗してもらったりということも起こる。チームから不平不満が出ることもある。チームに納得してもらうのも輸送業務の一環である。

話が横道にそれたが、輸送業務にはもう一つ大切な業務がある。それが国内輸送だ。チームは基本バス（バス２台）輸送。勿論、新幹線や国内航空便を利用することもある。

この業務もとても複雑で難しい。チームは宿泊するホテル、試合会場、練習会場を行ったり来たりする。勿論、試合会場は一定ではないので、東京から大分へ移動したり、横浜から神戸へ移動したり、その度に各々の会場の近くの練習場に行ったりと、とても複雑な動きをする。これらの移動のアレンジを全20チーム分すべてオペレーションする必要がある。チームの試合や天候によってもスケジュールが変更になることもある。それでも輸送業務は対応しなければならない。この国内輸送にかかわるコストも、又膨大になる。ＲＷＣ２０１９大会の場合、総額で8億円程度かかっている。

国内輸送には、チームの他にトーナメントオフィシャル、役員スタッフ、ＶＩＰ招待者に対応する為の業務も発生する。これらは基本、車両対応である。ＲＷＣ２０１９大会の場合、ワールドワイドパートナーにランドローバーがなっていたので、ほとんどの車軸はランドローバーを使用した（勿論有料）。ドライバーは原則ボランティアの人達だった。日本では、ボランティアの人達にドライバーをやってもらうのは、あまりなじみがなかったが、ヨーロッパでは当たり前のようだ。しかし、この役員、スタッフ等への車両サービスもとても複雑で難しい業務である。総勢３００名以上（最も多いときで）の人々への車両対応はとても大変である。この業務をフリート業務と言うが、大会が開催される全12都市に各々フリート基地を設置し、そこに車両をキープ（ランドローバー）し、役員、スタッフ、ＶＩＰ等の人々のリクエストに対応して車両を提供し、目的地（多くは試合会場）へ送迎することになる。以上が輸送業務であるが、こうした大型国際スポーツイベントに於ける運営業務の中でもこの輸送という業務はとてもやっかいであることを明記してしめくくりたい。

さて、宿泊業務について話したい。宿泊が必要なのはほとんど輸送業務の対象者と同じである。基本は海外から来日した人達ということになる。繰り返しになるが、対象者をもう一度確認すると、チーム（選手、スタッフ）、マッチオフィシャル（マッチマネージャー、レフリー、ドクター等）、国際スポーツ統括団体の役員・スタッフ、ＶＩＰ招待者である。人数の確認もしておきたい。ＲＷＣ２０１９大会では、チームは20チームで約１０００人、トーナメントオフィシャル１２０名、国際スポーツ統括団体の役員・スタッフ90人、ＶＩＰ招待者４０００人で、総勢約１６００人になる。これらの人達の宿泊費は大会ＯＣの負担となる。総額で47億円かかっているこの他、ＯＣ負担とならない人達の宿泊もある。海外からのメディア、放送関係者等である。これらの人達の宿泊に関してはＯＣは直接アレンジする訳ではない。リストアップしたホテルを紹介するだけである。従ってそれ程手間がかかる訳ではない。

問題はＯＣが費用を負担する人達の宿泊手配である。特にチームの宿泊手配が大変である。宿泊予約は大会の2年以上前からスタートする。会場となる12都市、及びチームがキャンプを張る都市にホテルを予約するのであるが、ＲＷＣのルールが定められている。①国際スタンダードのホテルであること。②試合会場への移動時間が45分以内であること。③練習会場への移動時間30分以内であること。④宿泊用のルーム以外にミーティング用の部屋、食事会場となる宴会スペースが確保されること　などである。こうしたルールに適合するホテルを日本全国で大会期間中の各チームの移動を予測して予約する訳であるが、これがなかなかに至難のわざであった。

そもそも開催都市によっては、国際スタンダードのホテルの数が極めて少ないという事実に直面した。マッチスケジュールが決定しないと、どの都市にどれ位のホテルを予約する必要があるか不明である。例えばＡという都市で2日続けてマッチが組まれた場合、同じ時期に４つのチームが滞在することになる。４つのチームは各々別のホテルを手配しなければならない。Aという都市に４つの国際スタンダードに適合し、試合会場まで45分で移動でき、宿泊ルームだけでなく、ミーティングルームや宴会場を押さえられるホテルがそもそも存在するのか？

しかし存在しないとWRに判断されれば、その開催都市はRWCの開催に適合しないということになりかねない。だから組織委員会も開催都市も必死である。どうしても前述の要件を満たすべく努力する。国際スタンダードに適合させる為に実際ホテルに本格的な〝改修〟をお願いしたケースもある。試合会場までの移動時間をできるだけ短縮する為に（それだけの理由ではないが！）チームには白バイの先導を警察にお願いした。とにかくチームの為のホテルの手配も大変である。

ケータリング

ケータリングとは大会関係者の飲食物の提供業務のことである。この業務が又とても大変であった。大会関係者とは、チーム（選手、スタッフ）、トーナメントオフィシャル（レフリー、マッチマネージャー、ドクター等）、国際スポーツ団体の役員・スタッフ、ＯＣのスタッフ、ＶＩＰ招待者、であるが、有償提供の対象者としては、試合会場の一般観客、メディア、放送関係者等がある。こうした人々への飲食の提供を大会期間中、全会場で試合スケジュールに従って提供していく必要がある。こうした飲食提供の中で最も困難を伴うのが、一般観客の飲食販売とＶＩＰ招待者への飲食提供である。

一般観客への飲食販売は、基本的には試合が開催される会場の指定業者がいる場合はその業者にお願いする。いない場合又は指定業者の条件等が合意に至らずやむを得ない場合は他の事業者にお願いすることになる。２００２ ＦＩＦＡ Ｗ杯も、ＲＷＣ２０１９も会場での飲食物の持ち込みは禁止である。禁止の理由は権利保有者の保護とセキュリティー上の理由である。

権利保有者の保護とは、会場内で飲食物を販売する業者及び飲食物に関連するスポンサーがいる場合はそのスポンサーの権利保護ということが考えられる。要は観客に飲食物の持ち込みを認めると、会場内の販売店の商品が売れなくなるから、持ち込みを禁止しているということだ（この理由は多分誰も正面きって言わないと思うが！）。

セキュリティー上の理由というのは、特に飲物である。ビン、カンは勿論のこと、ペットボトルでも会場内で投てきに悪用されると危険だということ（事実ヨーロッパのサッカーの試合などでは、ペットボトル等がピッチに投げ込まれるということが起こっている）。それと飲物の場合、中身に何が入っているか不明であり、万一、ガソリンとか危険物が入っていて、テロ等に利用されるということを恐れる。

こうしたことが大きな理由となって、国際スポーツイベントの場合は通常飲食物の持ち込みを禁止している。だからこそ、会場内での一般観客向けの飲食物の販売はとても重要なのだ。しかし、この会場内での一般観客向けの飲食物販売が意外に大変なのである。何が大変かと言うと、例えば約5万人キャパの会場で試合が行われるとすると、FIFA W杯やRWCの場合、この5万人キャパが満席になる。ということは、5万人の人々に飲食を提供（販売）する必要があることになる。通常の国内のスポーツイベントで5万人が満席になることはめったにないし、又国内イベントの場合飲食物の持ち込みをそもそも禁止していない。だから実は会場内での飲食販売の為のブース（売店）そのものが少ない。5万人に対応する為には、仮設の売店を設置する必要が出てくる。

それに販売業者はこれに対応する為に商品をいつもより大量に仕入れ、販売スタッフも増員せねばならない。飲物や食物を大量に仕入れるということは、それを保管する場所（会場内）も必要になるし、飲物の場合はそれを冷やす為の氷やドブづけも大量に用意する必要がある。

RWC2019では、スポンサーにハイネケンというビール会社があった。このハイネケンのビールを売らねばならないのだが、このビールの保管場所や冷やす為の冷蔵庫の為の電源確保、電源を引く為のケーブル設置等、とんでもなく大変な作業となった。それは、そもそもRWCと言うかヨーロッパでのラグビーの試合ではビールの販売量（飲む量）が半端なく多いという事実に基づいていた。

海外からの観客が28万人となったこの大会では、確かにビールは良く売れた。しかし、販売する為、労力とコストも半端なく大変であったことも事実だ。食べ物に関して言えば、こうした国際スポーツイベントで持ち込み禁止にする理由が正直ぜい弱だと思う。セキュリティー上の理由も全くない訳ではないが、飲物に比べればリスクは低い。そうすると権利保有者の保護ということになるが、会場内の販売業者はそもそも前述の通り5万人の観客に食べ物を提供することが実際はとても難しいのだ。とすれば、食べ物の持ち込みを禁止するのは不合理だ。大会のスポンサーの権利保護という観点ではどうか？　食べ物に関係するスポンサーとして考えられるのは、大型国際スポーツイベントの場合「マクドナルド」位かと思う。それ以外に食べ物に関するスポンサーというのはこれまで見たことも聞いたこともない。仮に「マクドナルド」がスポンサーだとしても（2002 FIFA W杯も、RWC2019も、スポンサーではない）会場内にマックの販売店を設置すれば良いだけのことだ。観客全ての人々の食べ物持ち込みを禁止する必要はない。

しかし現実は、持ち込み禁止なのである。これまでのFIFA W杯やRWCの大会ポリシーとして定められている。OCは、このポリシーには基本的に従わなければならない。だから昨年のRWC2019でも飲物のみならず、食べ物も持ち込み禁止とした。

ご存知の方も多いと思うが、この食べ物持ち込み禁止がRWC2019の開幕戦（日本vsロシア・東京スタジアム）で観客の大ブーイングにあった。売店で食べ物が買えないというのだ。少ない売店に観客の長蛇の列ができ、焼きそば一つ買うのに1時間半以上かかったというのだ。これでは試合を見損なう。この日の試合終了後にもネット上で不満の書き込みが膨大な数にふくれ上がった。

私は翌朝のOCとWRとの定例会に於いてこの問題を提起した。そして、「飲食物持ち込み禁止というポリシーを変更し、食べ物については持ち込みを認めることとしたい」という提案をした。WRは、「大会の途中でポリシーを変更するのは原則NGであること」「1試合だけで食べ物持ち込みを認める必要があるかどうかを判断するのは早計ではないか」という主張であった。

この2点とも、もっともな主張である。確かに大会の途中でポリシーを変更することは好ましくない。好ましくないというか、ポリシーの変更に伴って具体的なアクションをとる必要が出てくる。（大会関係者全てに対する変更の通知をすること、何故そうした変更をする必要があるかを説明する必要もある。又、飲食物持ち込み禁止を表示している看板、ポスター等の印刷物等の改訂、さらにはマスコミ、一般観客への通知をする必要もある）こうしたアクションを短日時のうちに実施することはとても難しいし、大会運営を混乱させるリスクもある。

それと1試合だけで判断して良いかということも検討に値する。開幕戦というのは、いつでもそうであるが、大会運営のあらゆるオペレーションが不慣れの為、ややもすると混乱している可能性もある。2試合、3試合と運営をこなしていけば、こうした混乱も収まるのではないか？　飲食売店での販売もスムースにいき、食べ物がスムースに観客の為に渡るようになるのではないか？　といった考え方も一理あった。

しかし、私は上記2点の指摘に対しても、その主張の妥当性を認めつつも、今回のケースはそうした主張を超越するものであり、一刻も早く観客の元へ食べ物を提供する必要があること、それを実現できないことによるリスクは大会全体のリスクに発展しかねないことを主張した。又、観客に食べ物を提供する方法として、売店の数を増やし、販売する食べ物の量を大幅に増加させる方法が考えられるが、残念ながらこれは机上の空論であり、現実的ではないこと（販売業者のキャパを越える）から、食べ物持ち込みの容認しかないことを強く、強く主張した。

結果については、これもご承知の通り開幕戦の3～4日後の試合から食べ物持ち込みを容認することになった。この結果、観客からの不満は収まり、メディアからは「柔軟な運営」とのお褒めの言葉をいただいた。これ程早く対応できたのは、OC、WRの大会運営の責任者の判断が早かったこともあるが、なにより前述のポリシーの変更に伴う具体的なアクションをOCの現場のスタッフが一致団結して取り組んでくれたことによる。

もう一つケータリング業務で大変なのが、VIP招待者の飲食物の提供であるが、これは飲食物の提供というより、そのスペースの確保の難しさが問題であり、この点については「会場整備」の章で詳述したのでここでは省略する。

ロジスティクス

トーナメントサービス業務の中で、「宿泊・輸送」「ケータリング」の他にある主なものとしては、「ロジスティクス」「セキュリティー」「TGP」の三つある。「ロジスティクス」は、簡単に言えば物品の搬送業務のことである。主としてあるのは、大会に参加するチームの物品の搬送である。勿論、この他にマッチオフィシャル（レフリー、マッチマネージャー、ドクター）の物品や、大会スポンサーの提供物品の搬送などもある。ここでは、チームの物品搬送について少しふれてみたい。チームの物品搬送には、大きく分けて国際搬送と国内搬送とある。国際はチームの本国から日本までと、帰りの逆便である。これは極めてシンプルであるが、ややこしいのは国内搬送である。

チームは日本到着から帰国までかなり複雑に移動するからである。チームは各々の当該試合の14日前から来日することが公式に認められている（公式滞在期間。ちなみに帰国は大会敗退決定後2日以内となっている）。この来日時点から少なくともプール戦が終了するまで4試合行う訳だが、基本的に四つの試合会場を移動することになる。試合の前と試合と試合の間の期間は、公認キャンプ地に移動する。この公認キャンプ地1ヶ所とは限らない。試合会場に合わせてキャンプ地に複数ヶ所回ることもある。

こうした複雑なチームの移動に伴って、チームの物品の搬送が行われる。1チームに認められている荷物の量は、最大4トンまでとなっているが、実際には2倍もの8トンの荷物を持ち込むチームもありOCとしては10トントラックを用意して対応。ちなみに荷物の中身は、ボール、練習着、ユニフォーム、トレーニング用品、医療品、食糧、サプリメントなどである。

セキュリティー

次に「セキュリティー」について述べる。「セキュリティー」、いわゆる警備業務である。近年この警備業務の必要性が高まっている。ただ競技によってあるいは時代によって情況が異なることがある。２００２ＦＩＦＡ Ｗ杯の当時は、サッカー特有の警備要件があった。「フーリガン対策」である。特にイングランドを代表とするヨーロッパ各国のサッカーファンには〝警備〟が対応せざるを得ないフーリガンが多数いた。２００２年当時はこのフーリガンが大挙して日本に来るのではないかと戦々恐々だった。又、この大会の前半、アメリカで同時多発テロが発生して、この大会もターゲットにされるのではないかとの不安があった。実際、この大会の警備専門家会議では、開幕戦にテロを目的とした飛行機がメインスタジアムに突っ込んできた場合にどのように対応するかなどということがまじめに議論されていた。

これに対して、ＲＷＣ２０１９では、まずフーリガン対策というものは全く考慮しなかった。ラグビーとサッカーの大きな違いである。又、テロ対策については、勿論考慮・検討の対象にはなったが、しかし２００２年当時のような緊張感はなかった。テロはテロでもむしろいわゆるサイバーテロ対策のほうが現実味があった（サイバーテロについては警備と言うよりＩＴチームが対応することになるが）。

最近の大型国際スポーツイベントの場合、このサイバーテロは必ず発生すると言っても過言ではない。記憶に新しいところでは、2018年の韓国ピョンチャン冬季オリンピックに於けるサイバーテロが有名である。このときは、サイバーテロの発生によって、チケットの発券が一時不能になるという事態が発生している。RWC2019でもこのサイバーテロは数多く発生している。いずれも組織委員会の防御システムが有効に効いて大事には至っていないので、公に発表もしていないだけだ。

サイバーテロは別として、RWC2019の警備の特徴は、一般観客及びチーム選手等の大会関係者の安全を第一に考えた警備を行うということだったように思う。こうした大型国際スポーツイベントの場合、警備は自主警備（組織委員会が独自にOCの責任に於いて行う警備）が基本であるが、勿論重要な局面では、警察の協力をあおぐ。そもそもOCには警察庁から数名の方々が出向している。これは2002 FIFA W杯でもRWC2019でも同様であった。従って、OCの自主警備と言っても実際の警備業務のリーダーシップを取るのは警察庁からの出向者の方々であり、その方々が警察庁や各地の県警と連携を取って、警備業務にあたっているのが実態だ。この方々のリーダーシップのもとに大会会場やその他の大会関連施設での実務は民間の警備会社が担うことになる。

先にこのＲＷＣ２０１９の場合、一般観客やチーム選手等大会関係者の安全を第一に考えた警備体制が特徴であったと述べたが、こんなエピソードがあったので紹介しておきたい。前述の通り、チームの移動というのは極めて複雑なルートを取ることが多い。又チームの事情によって事前に決めている移動ルートを突然変更することもある。大会期間中、Ａというチームがある日突然移動ルートを変更する旨､通知してきた。東京のバスでの移動を新幹線での移動にしたいというのだ。これ自体ＯＣとしては手間がかかり、全く歓迎できないことであるが、もう一つ最大の懸念は移動ルート変更に伴って多くのファンが駅などへ押しかけてくる心配が発生する（バス移動なら、こんな問題は起きない）。どうしても警察による駅での雑踏警備が必要であった。本来なら移動ルートを変更したチーム側の問題であり、ＯＣにも、ましてや警察には何の責任もないのに、万一の事故が起こった場合は、そんなことは言っていられない。このとき、警察はＯＣの要請に快く応じて、このＡチームの駅での雑踏警備にあたってくれた。このお陰で何の事故もなく、Ａチームは移動することができた。これもＯＣ

及び警察の連携によって、安全第一の警備が実施できた一つの例として紹介しておきたい。

TGP（トーナメント・ゲスト・プログラム）

最後にTGP、トーナメント・ゲスト・プログラムについて述べたい。大型国際スポーツイベントの場合、TGPの最上位は国家元首やロイヤルファミリーということになる。2002FIFA W杯では、天皇・皇后両陛下（現上皇・上皇后陛下）、皇太子・同妃両殿下（現天皇・皇后両陛下）の他、秋篠宮、常陸宮、高円宮、桂宮等、多くの皇族方の臨席を賜っている。この他海外からは金大中韓国大統領、ドイツのラウ大統領、シュレーダー首相、ベルギー・フィリップ皇太子、イングランド・アンドリュー王子、他多数の賓客のご臨席があった。

RWC2019でも、上皇・上皇后両陛下、秋篠宮皇嗣殿下、同妃殿下、三笠宮彬子女王殿下等の日本の皇族に加えて、日本からは安倍晋三首相、イングランドからはヘンリー王子などの賓客のご臨席があった。

こうした人々に加えてＴＧＰの最高位に位置づけられるのが主催団体の幹部である。２００２ ＦＩＦＡ Ｗ杯では、ＦＩＦＡのブラッター会長やチョン・モンジュン副会長が、ＲＷＣ２０１９ではＷＲ、ビル・ボーモント会長、ピチョット副会長等である。こうした人々はＴＧＰの中でも別格であり、いわゆる会場内の〝貴賓室〟と言われるスペースにお招きすることになる。これらの人々への接遇は特別チームを組んで対応することになる。ご案内係に特別な人が当たる（ＯＣの会長等）。勿論、警備チームも特別編成となる。飲食物のサービスにも最大限の配慮が必要となる。

ＴＧＰの次のランクに位置づけられるのは、大会主催者（ＦＩＦＡやＷＲ）の重要なゲストである。まず、主催者であるＦＩＦＡやＷＲの理事や元理事、参加国ユニオンの会長クラス、ＩＯＣの理事（ＩＯＣ会長出席の場合は前述の最高位に入る）、開催国政府高官、ホストユニオンの幹部、ＯＣの最高幹部等である。こうした人々は、大会の全ての試合で招待対象となるが、現実的にはその多くの人々が開幕戦や決勝戦それに加えて自国の試合に招待者として来場されることがほとんどだと考えて良い。

つまりこのＴＧＰというのは主催団体の招待プログラムであるということだ。大会のＯＣは主催者の招待枠の余りを活用して、ＯＣとしての招待者を選定し、このＴＧＰ（トーナメント・ゲスト・プログラム）の末席に開催国内の大会関係者（ＯＣとして世話になった人々）をお招きすることになる。対象となるのは、ホストユニオンの理事、評議員や開催都市の首長や幹部、寄付企業の幹部、スポンサー企業の幹部、放送・マスコミ関係の幹部などである。

こうした人々を全試合を通じてお招きするプログラム全体をＴＧＰと言っている。招待者リストの作成、招待状の発送、出欠の確認、駐車場の振り分け、当日の接遇、警備、ゲストルームの装飾など、このＴＧＰという業務、なかなかにお金もかかるし、手間もかかるのである。

第7章
チケッティングとマーケティング

①チケッティング

国際スポーツイベントの収支については、第2章で詳述した通りであるが、いずれもチケット販売が収入の大きな柱となっている。２００２ＦＩＦＡＷ杯は日韓共催であったことから、全64試合の半数32試合を10都市で実施した。販売したチケットの枚数は約１４６万枚であり、総収入は約２５０億円に達した。ただこの大会のチケッティング業務は、ＦＩＦＡが統括し、日韓両国の国内販売以外の実務（海外販売やチケット印刷など）を英国のバイロム社に委託した。日本（韓国も同様）のＯＣは、国内販売とチケット配送・受け渡しを担当した。こうしたやり方は、ＦＩＦＡＷ杯の歴史においても異例のことであり、他の国際スポーツイベントでもそうした例はないと思う。ＦＩＦＡがこうしたシステムを採用したのは、いくつかの理由があると思う。一つはこうした大型の国際スポーツイベントの場合、チケットの販売が開催国に限定されず（勿論開催国での販売が最大ではあるが）、海外で幅広く売っていく必要があること。二つ目は、こうした大会のチケットの販売は、販売枚数が大量になることから、システム構築が極めて重要であり、相当程度に信頼性の高い事業者に委託する必要があり、主催者である国際スポーツ団体が通常取引を行っている事業者を選択したかったこと（バイロム社がこの信頼に応えられたとは思わないが）。三つ目は関係者への優先販売などＦＩＦＡ自身がチケット全体のコントロールを行いたかったことなどである。こうした考え方はＦＩＦＡに限らない。他の国際スポーツ団体でも同様であろう。こうした流れが広がっていく可能性は高い。

２００７ ＩＡＡＦ 大阪世界陸上は、大阪長居競技場で９日間にわたって行われた。チケットは1日当たりモーニングセッション約３万枚、イブニングセッション約３万枚で９日間合計すると約54万枚ということになる。約70％が売れたと推測される。総収入は約22億円に達しており、全収入の約20％を占めている。

チケッティングシステムの全体管理はＯＣが担っており、国内のチケット販売管理会社（イープラス、チケットぴあ、ローソンチケットなど）を通じてインターネットでの予約販売や、コンビニエンスストアーの店頭で販売した。この他、各地のプレイガイドや旅行会社の営業所などでも実券販売を行っている。

さて、それではＲＷＣ２０１９のチケッティング業務はどうだったのか？　これについて詳述したい。ＲＷＣ２０１９は日本全国12都市で開催され、全48試合が行われた。総販売チケット枚数は約１８０万枚にのぼった。これだけのチケットを単一のスポーツイベントで販売したことは２００２年のＦＩＦＡ Ｗ杯以来であり、総枚数としては２００２年の１４６万枚を上回る。しかもＷＲには、これらのチケット販売にあたって特別なルールが決められていた。

（Ａ）総販売枚数の半分はＷＲが海外販売用として直接管理し、販売する（海外販売用には各国ラグビー協会販売分、スポンサー販売分、ホスピタリティーチケット、トラベルチケット分が含まれる）

（Ｂ）ただし、売れ残りが発生した場合は、順次ＯＣに返却する（返却スケジュールも事前に決定しておく）

これは、前述の２００２ＦＩＦＡＷ杯の際のチケッティングポリシーに近い。いずれも主催者がチケッティングをできる限りコントロールしたいという思惑がはっきりと表れている。このルールには当然ＯＣとしては、抵抗感を覚えた。いくら日本国内でチケットが売れても、ＷＲから海外販売の売れ残りが戻ってこない限り売れないからである。しかもこれまでのＲＷＣの例から言えば必ず戻ってくるのだ。ＷＲは全体の半分のチケットをとりあえずキープするが、実際に売れるのはその40％程度（１８０万枚の１／２の40％だから約30〜40万枚）とはじめからわかっているのだ。さらにこまったことにＷＲがキープするチケットというのは、比較的良いチケット（決勝戦とか人気国チームのチケット、しかも良い席）なのだ。だからＯＣとしては売れないから早く返せと言うのだが、これがなかなか返ってこない。正直最初の頃はケンカ腰である。

しかし最終的には、この返却が遅くなったことで日本国内のチケット販売には好影響（結果）をもたらしたかもしれない。何故なら、日本国内市場でＲＷＣのチケットが買えないというラグビーファンの飢餓感を醸成したと思われるからである。

それはさておき、１８０万枚にものぼるチケットをどうやって売っていったのか？最終結果は99・３%のチケットを売った。この結果はほぼ完売。奇跡に近い。その軌跡を追ってみたい。

売り上げ目標の設定とプライシング

大会の収支をバランスさせる。この最大、最低の目的を達成する為に、チケット総販売収入はどれくらいに設定するか？　その為には収入計画全体、支出見込み全体を精査してみる必要がある。その上でこれまでの大型国際スポーツイベントの例を参考にしつつ、チケットの単価、券種、ゾーニングを設定し、全体の総販売席の何%程度が売れるかを推定し、チケットの総販売収入を導き出す。例えば、ＲＷＣ２０１９の場合、総販売枚数１８０万枚で平均単価を2万円とすると総販売額は３６０億円、その70%を売上げ目標と設定すれば約２５０億円ということになる。これを前述の大会収支計画全体の中でアジャストしてみる。そして最終的なチケット販売目標額を決める。ＲＷＣ２０１９の場合、最初の予算作成の際には２３０億円で設定していた。ラグビーのチケットの場合、売り上げはこんなもんかなと思っていたこと（いや、これでも本当に売れるかと思っていたのが本音）。支出はこれに合わせて削減努力をしようと思っていたこと（と言うか削減せざるを得ないと思っていた）。などが大きな理由であった。しかし最終的には前述の通り、99・３％で３８９億円の売り上げを達成したのである。

システム構築と事業者の選定

チケット販売目標額を設定し、それに伴いプライシング、ゾーニング、券種を決めた訳であるが、さて１８０万枚ものチケットをどうやって売るか？　という問題に直面する。昔ならどんなに数が多くてもプレイガイドや直売店で実券で売るとなった訳だが、昨今は全く異なる。今回の場合、ＯＣがネット上にチケット専用サイトを構築し、そこに購入希望者に事前登録していただき、その登録していただいた方だけに販売するということにした。このシステムを構築し、管理し、メンテナンスし、販売実務を行っていく為にはOC独自では無理であり、当然その為のパートナー事業者を選定する必要があった。しかしこれだけのチケット販売をシステム上で実施した経験のある事業者は限られる。しかも言語の問題もある。開催国日本での業務となれば日本語対応が、海外での販売も必要となれば、英語やその他の言語の対応も必要となる。こうした業務を実行できる事業者を選定しなければならない。OCとしては当然世界中に向けてその事業者を募集した。多くの候補の中から最終的には、2002 FIFA W杯の国内チケット販売で実績のあった「チケットぴあ」とヨーロッパでのRWCのチケット業務の経験のあった「チケットマスター社」とのジョイント事業者を選定した。この2社に前述のチケット販売システムの構築、管理、メンテナンス、そしてチケット販売の実務等を委託した訳である。

チケットの販売方法

RWC2019のチケットは前述の通り、ネット上に開設したOCのチケット専用サイトに購入希望者がまず登録し、この登録者に対して販売するというシステムであった。コンビニでも、プレイガイドでもラグビーの試合会場でもチケットは販売していない。従って、チケットサイトの登録者を1人でも増やすことがまず重要であった。まずはＪＲＦＵの様々な顧客リストやラグビー関係者の人々にＲＷＣチケットサイトへ登録をお願いすることから始めた。それはメール送付であったり、ラグビーの試合会場でのプロモーションであったり、様々な方法で行った。また海外についてはＷＲが所有する前回大会のチケット購入者リストに従ってメール送付でアプローチした。勿論メディアを通じた広報活動や、インターネット広告や新聞広告などの方法も行った。こうした活動によってＲＷＣ２０１９のチケット販売を開始した２０１８年1月の時点では約40万人の登録者があった。この人々を対象にしてまずラグビーファミリー（ラグビー協会のファンクラブの会員など）向けに、バンドルチケットというセット券（チームセット券、会場セット券）の販売を前述の通り２０１８年の1月にスタートした。

これが第1回目の販売である。1月19日にネット上で申し込みを受け付け、1月26

日に〆切り、その後抽選を行い、当選者を決定。当選者に通知し、お金の支払いをお願いし、入金を確認後、正式に購入が確定。購入者には、後日チケットが郵送されるというシステムである。ここで抽選を行い、と言っているが、勿論事前に定められた販売チケット数に対して申し込みが上回ったチケットだけが抽選となり、下回れば勿論抽選はなく、そのまま当選ということになる。日本チームやイングランド、ニュージーランドなどの人気チームの申し込みは多数になり、抽選ということになった。この第1回バンドルチケットの販売でどのような結果が出るかは、その後のチケット販売の行方を占う上でとても重要なことであったが、幸い販売したバンドルチケットの半分以上が売れ、幸先の良いスタートとなった。

次いで同じくバンドルチケットの一般向け抽選販売を実施。これが1月27日スタートで、2月12日〆切り、抽選、入金確認、当選者確定という前回と同様のプロセスで行われた。さらに引き続き2月19日から通常チケット（セットでなく）のラグビーファミリー向け抽選販売を実施。これに続いて3月19日には、開催地住民向け優先抽選販売を、5月19日にはＲＷＣのサポーターズクラブ会員向けの優先抽選販売を実施した。この時点で関係者への優先販売は終了し、販売枚数が約65万枚に達していた。それは我々の予測をすでに超えるものであった。いよいよ9月19日から一般向け抽選販売が開始された。しかし本番はこれからである。ラグビー関係者向け優先販売は、ある程度の売れ行きが期待できるが、一般向け販売はどういう反応が出るのか？　期待半分、不安半分といったところであった。

この9月19日という一般抽選販売のスタート日は大会の1年前（9月20日開幕戦）というタイミングで、東京では俳優の舘ひろしさんや人気アイドルグループ嵐の櫻井翔さんをゲストに迎えて盛大に1年前イベントが行われた。その他の開催地でも同様に1年前イベントが行われ、1年後の大会に向けて盛り上がりのきざしが見えはじめていた。ただこの時点では、WRがハンドルしている半数のチケットはまだ日本のOCに戻ってきてはいない。その為一般抽選販売で売ることのできるチケットに限りがあったことも事実であり、日本戦や決勝などの人気カードに多くの申し込みをいただいたが、残念ながら落選した人も多かった。ただOCとしては、このような人気カードのチケットよりも、あまり人気がない試合のチケットをいかに売るか？　ということが大きなテーマになりつつあった。

２０１８年12月にこの一般向け抽選販売が〆切られた。この時点で売り上げはＷＲの海外関係者販売分約20万枚を加えると合計約１００万枚に達していた。単価２万円平均で計算するとすでに２００億円ということになる。大会予算に計上した、チケット販売収入２３０億円はもう目の前であり、これを超えることは間違いないという確信が芽生えはじめていた。

２０１９年1月19日からいよいよ一般向け先着販売がスタートした。２０１８年12月の年末からこの２０１９年の年始にかけては販売お休み期間となったが、この間にシステムのメンテナンスを行った。この時期にメンテナンスを行うことは当初の予定通りであったが、メンテナンスを行うことの他にはじめてＷＲから海外関係者販売分の売れ残りチケットのハンドバックがあったことへの対応ということもあり、1月以降の一般向け先着販売に向けたチケット全体の整理・確認という意味もあった。このときのハンドバックは約10万枚、これで２０１９年1月からの一般先着販売は合計約20万枚のチケットの売り出しということになった。これが第１次の一般先着販売であり、この後これを3月末でいったん終了、4月はチケットの席の割り付け作業の為にお休みとし、5月から第2次一般先着販売を、7月に第3次、8月に最後となる第4次の販売を行った。その都度WRから海外関係者販売分の残席がハンドバックされ、そのチケットを中心に第2次から第4次までの一般先着販売が行われたことになる。この結果、9月20日の開幕戦の前までになんと96％程度のチケットが売れていた。

当初予定していた各会場での当日販売は全て中止することとなった。ネット上での販売は継続していたものの当日売りに回す程の余裕はすでになくなっていたということだ。

チケットの販売促進策

180万枚のチケットをどうやって売るのか？　しかもワールドカップとはいえラグビーの試合チケットである。さらに値段が高い（決勝戦のA席は10万円、平均単価2万円）。通常日本で行われるラグビーの日本代表戦のチケットでもA席で

1万8000円というところだろうか。売れるのか？　組織委員会には正直不安しかなかった。しかも購入希望者はネット上の公式チケットサイトにアクセスし登録しなければならない。基本的には実券販売は行わないというのがWRのルール（基本ポリシー）であった。長年のラグビーファンからは総スカンを喰うかもしれない。とはいえ、やらなければならないことは当面はただ一つ。公式チケットサイトへの登録者を徹底的に増やすこと。これだけだった。

もちろん後述するマーケティングや広報・PRといった方法を駆使してこの活動のサポートをしたことは言うまでもない。基本になるのは、国内ではJRFUの持っているこれまでのラグビーチケット購入者データやいわゆるファンクラブの会員データなどがある。これに加えて、JRFUの各地方協会ルートで各地のラグビークラブ、学校のラグビー部などの現役、OBの方々、それに加えてトップリーグ企業の方々など、とにかくラグビーのコアファンをまず獲得することであった。

海外はWRが所有している前回大会（2015年イングランド大会）のチケット購入者データである。今大会の海外からの最終的なチケット購入枚数は約50万枚になったと推測されており、このデータの持つ意味はとても大きかった。特に海外のチケット購入者の70%位はイングランド、スコットランド、ウェールズ、アイルランドの英国人であったから余計、前回イングランド大会のデータは重要であったと言えるだろう。

とにかくこの公式チケットサイトへの登録者を増やすことについてあらゆる努力を重ねた。その結果、2018年1月のチケットの関係者への先行販売の時点で登録者は約40万人に達していた。この40万人が1人4枚チケットを買えば、160万枚になる訳だから、この40万人という数字は悪くない。しかしそう単純にはいかないので、OCとしてはこの登録者を最終的には100万人に増やすことを目標としていた。

こうなるともういわゆるラグビーのコアファンだけでは無理であり、ライトファンあるいはラグビーに縁のない人達にも公式チケットサイトに登録してもらう必要がある。その為には、ラグビー関係者のルートに加えて、

●開催自治体のルート（開催地住民への働きかけ）

●スポンサールート（ワールドワイドパートナー6社、オフィシャルスポンサー8

社、オフィシャルサプライヤー10社の企業関係者、社員、その家族などへのアプローチ）

●寄付企業ルート（ＲＷＣ２０１９は経団連を通じて約１５４社から寄付金をいただいており、その寄付をしていただいている企業に対しても協力をお願いした）

●放送局からの呼びかけ（ＲＷＣ２０１９はＮＴＶ、ＮＨＫ、Ｊスポーツの三つの放送局が大会の放送を担当。この３局に対しては、特に公式チケットサイトでの登録の呼びかけをお願いした）

●メディアへの協力要請（新聞、雑誌、テレビ、ラジオ他、多くのメディアに告知の協力をお願いした）

●ＳＮＳの活用による呼びかけ（フェイスブック、ツイッター、インスタグラム等のＳＮＳへの有料広告を含む投稿による呼びかけ）

などである。これ以外にも様々な機会（例えばＯＣや開催自治体の各種イベント会場での呼びかけなどなど）をとらえて、公式チケットサイトへの登録をうながした。その結果最終的にはこの登録者は実に１５６万人に増加した。この登録者の方々へどのようなアプローチをしていったかについては、次のマーケティングの項で説明したい。

次に販売促進等の重要施策は、「売れない（売れていない）チケットをどう売るか？」というテーマへの対応策であった。2019年1月一般への先着販売を開始したあたりから、次第に〝売れていないチケット〟が明確になってきた。日本戦や準々決勝、準決勝、決勝戦、それにニュージーランドやイングランドなど人気チームのチケットはほうっておいても売れる。問題はある特定の地方の人気薄チームの試合であった。

売れない地区とは、静岡と九州3県（熊本、大分、福岡）である。静岡で行われる日本戦は全く問題ない。問題なのは、他の3試合である。九州は総体的に売れ行きがかんばしくない。しかし、大会の収支の視点から言えば、これらのチケットの売上げが多少悪くてもさしたる影響はない。大分以外は全て予選プールの試合であり、チケット単価も高くない。だから、大会収支的に言えば、東京（7試合）と横浜（8試合）を完売すれば、他の試合のチケットがあまり売れなくても問題ではなかった。しかし、とはいえ、ＯＣとしてはできることなら全試合完売を目指したかった。なんとしてもこれらの地区のチケットも完売させるべく努力することがＯＣの新たな目標になったと言っても過言ではないかもしれない。

静岡は元々チケットが売れにくい要件がそろっていた。静岡はサッカー王国である、ラグビー人気は今一つであったこと。スタジアムのキャパが大きく（４万８７１３人）、販売チケット数が多かったこと。全ての試合（日本戦含む4試合）が夕方、16時15分以降に組まれており、試合終了後に新幹線に間に合わないこと。近辺に宿泊施設が少ないこと、などであった。

九州３県について言えば、元々九州で３会場は多い。しかも大分は、準々決勝２試合の会場になっている。従って、九州で計10試合が行われることになっていたが（全48試合のうち九州で10試合は多いと思わざるを得ない）。しかも、５試合が行われる大分は、会場が中心地から遠く、交通の便が良くない。加えて宿泊施設も十分でないという問題もあった。そうした問題点は十分認識した上で対策を立てるしかない。対策は二つあった。一つは、徹底したエリアマーケティングの導入。そしてもう一つはエリア企業への団体販売の強化である。

エリアマーケティングとは、勿論地元の新聞社やテレビ局への広告出稿ということもやった。しかしそれよりも力を入れたのが、公式チケットサイトですでにチケットを購入している人達へのメールによるアプローチである。静岡で言えば、日本戦以外は南ア vs イタリア、スコットランド vs ロシア、オーストラリア vs ジョージア戦である。これらのチームの他の会場での試合のチケットをすでに買っている人達（特に人気のある南ア、スコットランド、オーストラリアなど）に対してもう1枚（あるいは2枚か？）そのチームの静岡でのチケットを買いませんか？というメールである。静岡地区の住民の皆さんにもすでに買っているチケット（多くの日本戦）の他にもいい試合が静岡で行われますよ、だからもう1枚買いませんかというメールを送った。九州地区でも同じようなことをやった。こうした地道な活動が少しずつ効果を発揮していくことになる。

もう一つは、地元企業への団体チケットの販売強化である。実は元々ＯＣには、企業に対して団体チケットを販売する権利は付与されていない。こうした権利はＷＲから指名されたホスピタリティー（トラベルチケット）の独占販売事業者であるＳＴＨジャパン社（ＳＴＨ社とＪＴＢのジョイント会社）が独占的に保有していた。だからＯＣは、どの地区でも企業に対して団体チケット販売することはできなかったのである。しかし、静岡や九州３都市のチケット販売状況から言えば、そんなことは言っていられない。ＯＣは、ＷＲに対してこれらのチケット販売不振地区については、企業団体販売を認めてくれるよう粘り強く交渉した。

ＳＴＨジャパン社は、ホスピタリティーチケット（食事付き高額チケット）の販売先は企業であり、その販売に影響が出ることを心配して、なかなか組織委員会の要請にＯＫを出してくれなかった。しかし、粘り強い交渉と次第にホスピタリティーチケットの販売が好調に推移しはじめた為、２０１９年の5月頃からはこのＯＣの活動をやっと認めるようになった。これによって、ＯＣでは静岡や九州３県の自治体及び地元ラグビー協会関係者の方々のご協力をいただき、地元企業への団体チケットの販売を開始し、大きな成果をあげるに至った。

ホスピタリティーチケット

チケッティングの最後に、ホスピタリティーチケットについて少し述べておきたいと思う。ホスピタリティーチケットというのは、簡単に言ってしまえば食事付き高額チケットのことである。日本では、2002 FIFA W杯の際にも実施した。2002年は組織委員会自身がFIFAの承認のもとでこのホスピタリティーチケット販売という事業を行っている。このチケット、通常のチケットに食事や車、お土産などの付加価値をつけて、高額で販売する。例えば、額面価格5万円のチケットにフルコースディナー、車の送迎、お土産をつけて20万円で販売する。勿論コストがかかるから、差額の15万円がそのまま利益になる訳ではないが、それなりの利益が出ることは間違いない。この利益が2002年の場合はOCの収入となっていた。その収入は数十億になっていたと記憶している。

しかし、RWC2019の場合、このホスピタリティーチケット販売事業の構造が全く異なる。まずこうした事業を行う権利はWRが所有している。そしてWRはこの権利を英国のSTH社という会社に販売している。いくらで販売しているかは勿論わからない。しかしいずれにしても、この権利を買い取ったSTH社は、権利金にチケット額面金額（これはOCに支払う）に食事や車、お土産などのコストを乗せ、さらに自社の利益をのせて売ることになる。しかも、このコストが問題で、日本でこうした事業をやる場合、食事は会場内又は会場近辺で提供するのだが、そもそも食事会場自体がなく、仮設の建物を設置することもあるのだ（事実、RWC2019の横浜会場ではスタジアム近くの空地に仮設の食事会場を設営した）。

こうしたコストもホスピタリティーチケットの必要コストとしてカウントされる。販売価格が高くなる訳である。ホスピタリティーチケットそのものが悪いとは思わない。食事付きのスポーツ観戦という文化は日本にもぜひ定着して欲しいと思う。しかし、あまり高額になるのはいかがなものか。FIFA W杯やRWC、又オリンピックもそうだが、通常チケットが入手困難になることを見込んで高額でも買う人がいるから、多少高額のホスピタリティーチケットでも売れる。でも健全なビジネスとして、こうした文化を定着させる為には、やはり限度というものがあるように思う。あまり高額にならないような仕組みをぜひ今後考えて欲しいと思う。

②マーケティング

国際スポーツイベントに於けるマーケティングの役割とは何か？　と言えばそれは一つには〝チケットの販売促進〟であり、もう一つは〝気運醸成〟ということになるだろう。従って、チケッティングとは切っても切れない関係にある。２００２ＦＩＦＡＷ杯のときは、マーケティングは「事業局」という位置付けである、チケッティングは「業務局」という宿泊や輸送業務を担当する局の中に置かれていた。理由は極めて人的要因が大きかったと思う。ただ、２００２年当時は、チケッティングとマーケティングを必ずしも一緒の組織でやるべきという考え方が支配的ではなかったように思う。それは一つにサッカーワールドカップのチケットはほっといても売れるという思いがあった。何もマーケティングとの連携が格段必要だという思いも少なかったように思う。

チケットの販売促進

しかし、RWC2019は全く違った。ほうっておいたらチケットは売れないのだ。少なくとも組織委員会もWRもそう思っていた。でもOCがスタートした時点ではマーケティングとチケッティングは別々の局であった。マーケティングとはマーケティング局、チケッティングは2002年のときとほぼ同じく宿泊や輸送、ケータリング、セキュリティなどを統括する業務局の中に置かれていた。しかし、2016年に行われた組織改変の際、WRの強い要請でマーケティングとチケッティングを同じ局にまとめることになった。チケッティングアンドマーケティング局の誕生である。このとき同局には、チケッティング部、マーケティング部、広報部の三つの部が置かれた。

チケッティング部は、チケット販売実務及び管理全般業務が担当であった。マーケティング部は、広告、制作、イベント、肖標管理を担当した。広報部は広報コミュニケーションとデジタルコミュニケーションが業務の範囲であった。従って、チケットの販売促進策はこの三つの部が連携して立案した。常にこの連携を優先したと言っても過言ではない。チケットは前項で詳述した通り、関係者先行販売にはじまって一般抽選販売から一般先着販売を、第1次から第4次まで実施したが、この販売時期に合わせた広告出稿であったり、制作物（ポスター、チラシ等）の掲出であったり、イベントの実施、広報コミュニケーション（メディアアプローチなど）、さらにはデジタルコミュニケーションも実施した。

販売が不振の試合、販売が不振の地域へのテコ入れも常に三つの部の連携によって対応策が的確に実施できたと思う。ほうっておいてもチケットが売れる国際スポーツイベントは稀である。やはり何と言ってもチケットをいかに多く売るかは常に重要なテーマであり、この目的を達成する為にはやはりチケッティングチームとマーケティングチームの連携が肝になると思うし、RWC2019に於いてそのことが実証されたと思っている。

気運醸成

マーケティングのもう一つの重要な役割が気運醸成である。勿論この気運醸成がチケットの販売促進にも大きく寄与する訳だが、「気運醸成」という役割にはもう少し大きな意味があると思う。これまで日本で開催されたスポーツイベントで日本国内を興奮のるつぼにまき込んだイベントは２００２ ＦＩＦＡ Ｗ杯とＲＷＣ２０１９の二つと言っても良いのではないだろうか。

何故あそこまで盛り上がったのか？ 勿論マーケティングの力だけではない。様々な要因が重なった結果だと思う。二つとも日本全国で開催された（ＦＩＦＡは10都市、ＲＷＣは12都市）。しかも参加チームのキャンプ地を加えると大会に関与した都市はＦＩＦＡで90都市、ラグビーワールドカップで73都市にのぼる。一つはここに大きな盛り上がりの要因があるように思う。開催都市やキャンプ地の住民にとってみれば、おらが町にやってきた国際イベントというのは、やはり成功して欲しいという思いが自然と強くなるのではないだろうか？　できるだけ多くの自治体をまき込むというのは、こうした国際スポーツイベントを成功させる大きなポイントなのかもしれない。

さらに言えば、関与するステークホルダーをいかに増やしていくかということが重要なのだと思う。開催都市、キャンプ地の住民に加えて、イベントの多くのスポンサー企業や放送権を取得している放送局の日本中のネットワーク（2002FIFAのときはNHK＋全民放局が、ラグビーワールドカップではNHK、NTV、Jスポーツが権利保有放送局であった）の協力も盛り上がりの為には極めて重要な要素であると思う。事実彼らは大会の試合の放映にとどまらず、大会の盛り上げの為の広報に積極的に取り組んでくれる。この効果は大きい。

又、忘れてはならないのがパブリックビューイングの効果である。勿論このパブリックビューイングは大会期間中に実施される為、大会前の盛り上げにはならない。しかし、2002 FIFA W杯でもRWC2019でもこのパブリックビューイングが開催地のみならず日本全国で自然発生的に多数実施され、大会の盛り上げに多大の貢献をしてくれたものと思っている。RWC2019の開催都市には、ファンゾーンという施設が大会期間中に街中に設置され、ここでパブリックビューイングが実施され多くのファンが試合を見た。しかし、開催都市以外でも様々なパブリックビューイングが行われ、試合会場に見に行けない人々がここで観戦し、集った人々同士で大きな盛り上がりを見せた。勿論2002 FIFA W杯もRWC2019も日本チームが活躍したことが盛り上がりの最大の要因であったとは間違いないのだが。

マスコット（レンジー）

では、RWC2019のマーケティングは何をしたのか？　大会予算が限りある中でやれることに限界がある。特にOCがスタートした当初は一番予算がつきにくいのがマーケティングなのだから。チケットが完売することが最初からわかっていればもう少しマーケティングの予算を増やせたのではないかと思うが、これは無理な相談というものだ。そんな中で何をやっていたのか？　ポスターやチラシを制作して関係各所に配布したり、時々広告を出稿したり、マイルストーンイベント（2年前イベント、

1年前イベント、100日前イベントなど）を実施したり、お金のない中でいろいろなことをやったが、特筆すべきことを四つだけ紹介しておきたい。

一つは、マスコットである。あのレンジーだ。RWCではこれまでマスコットを活用したことがなかった（正確にはほとんどなかった）。何故ならばマスコットが何ら活躍すると思っていないから。あるいは活躍したことがなかったから。だからRWC2019の日本大会でもマスコットの活用にはあまり積極的ではなかった。しかしOCは是非とも活用したかった。だからOCからとても積極的にWRに働きかけた。日本の状況（マスコットやゆるキャラなど日本ではとても人気があること）を少し理解してくれたのか、WRは最終的には活用することに理解を示してくれてた。しかしそれからあのレンジーを活用することになるまで困難な道があった。それは不幸にも前年（2015年）にTokyo2020の発表した公式エンブレムに盗作疑惑が起こり、大騒動のあげく一度発表したエンブレムを取り下げるという事態になったという事実があった。

WRはレンジーをマスコットとして採用することは最終的に同意したが（同意する

までにも幾多の困難があったが）、万一のことが起こった場合（盗作や類似などで提訴されるなど）の責任のあり方について異常に神経質になり、あわやレンジーが日の目を見ないかもしれないところまで追い込まれた時期があった。レンジーは極めて難産であった。

しかし、誕生してみるとレンジーの人気はたちまち日本全国に広がっていった。開催都市のイベントでも、放送局の番組にも、ラグビーの試合会場でも様々な場面に登場して大きな人気を博した。このレンジーが気運醸成に果たした役割はとても大きかったと思っている。

キャッチフレーズ（4年に一度じゃない、一生に一度だ）

二つ目はキャッチフレーズである。「4年に一度じゃない、一生に一度だ」というあれである。このキャッチフレーズは当初ＯＣの中である種のアレルギー反応があった。特に幹部からは、何で一生に一度なんだ、ＲＷＣの日本開催がこれが最後じゃない。

また何十年かして日本で開催するんだ。だから一生に一度なんておかしいし、そんなこと言うべきはない。ということであった。しかし、マーケティングチームの想いは一生に一度の体験と言っても良い程すごいイベントなんだということが言いたかっただけである。何十年後に再度日本で開催されるかどうかはどうでも良かったのである。あくまでもイベントの持つ価値の大きさを表現したに過ぎない。

しかしこれもＯＣ内のアレルギーにもかかわらず世の中に出してみると、大きな反響を呼んだ。開催都市でも、わが町に一生に一度の大イベントがやってくるという人も多く、これも大会の気運醸成には大いに役立ったと思っている。尚このキャッチフレーズは年末の流行語大賞にもノミネートされた。大賞はご承知のように「ＯＮＥ ＴＥＡＭ」が受賞したが、「４年に一度じゃない、一生に一度だ」も健闘したのである。

デジタル戦略

三つ目はデジタル戦略である。ＯＣでは公式サイト、公式ＹｏｕＴｕｂｅ、公式Ｓ

NS（ツイッター、フェイスブック、インスタグラム）、公式アプリの四つのデジタルメディアを駆使し、動画やフォト、文字情報を配信したが、大会期間中に於ける動画の再生回数は21億ビューに達した。そのうちツイッターに於ける動画再生回数が約7億ビュー、「いいね」のクリックは1400万回に達している。大会閉幕後の統括記者会見で、WRのビル・ボーモント会長は「最も偉大な大会として記憶に残る。ファンゾーンでの集客、ソーシャルメディアでも記録を作った。開催国として最高だった」というコメントを残している。わざわざソーシャルメディアでも記録を作ったという言葉は、勿論時代を反映しているのは間違いないが、テレビ視聴率（最高53・7％）やチケット販売率（99・3％）を差し置いて、ソーシャルメディアの記録にふれたところが印象的であった。こうしたソーシャルメディアでの記録は、OCのデジタルマーケティングチームの活動（活躍）なくしてはありえなかった。

大会期間中、OCのデジタルマーケティングチームに協力会社である電通のスタッフやWRのスタッフを加えた合同デジタルマーケティング体制を構築し、OC内にそのオフィスを設置し、共同業務体制で様々な動画や映像、情報を集約、SNSに適宜投稿し、前述のような21億ビューの視聴を得た。集約したのは、全試合の放送映像をリアルタイムで、又、放送映像のハイライトなどの素材を適宜、さらに会場毎に配置したカメラマンの写真素材、各チームの撮影素材、各会場のバナーなどのグラフィック素材などである。こうした素材を様々な型にアレンジして、日本語のみならず英語やフランス語、スペイン語などで配信した。

さらに配信に当っているいくつかの編集テーマを定めて行った。①感動と興奮の瞬間、②ビハイド・ザ・シーン（試合以外のシーン）③ノーサイド精神　④盛り上がる海外ファン　⑤ファンの知りたいに答える　⑥口コミ。例えば、①の感動と興奮の瞬間では、「おめでとう日本代表、優勝候補アイルランドを破る」の映像、②のビハインド・ザ・シーンでは、「台風19号の影響で試合が中止になったカナダチームの釜石でのボランティア活動」の映像、③ノーサンド精神では、「危険なプレーでレッドカードとなったカナダの選手が試合終了後、相手の南アチームに謝罪に行った」シーン、④盛り上がる海外ファンでは、「横浜駅で大熱唱するアイルランドファン」のシーン、⑤ファンの知りたいに答えるでは、「長ネギを持って応援するウェールズファン」

の映像と、長ネギはウェールズでの国を象徴する国章である旨を解説する映像、⑥口コミでは、松任谷由実、Ｙｏｓｈｉｋｉなど著名人の投稿もピックアップして配信。等々、様々に工夫したＳＮＳへの配信を行ったことによって大会の気運醸成は最大限盛り上がったと考えている。

応援団（アンバサダー、ドリームサポーター、ＰＲキャプテン）

最後に、ＯＣとしてのマーケティング活動の中に応援団の編成ということがある。「アンバサダー」「ドリームサポーター」「ＰＲキャプテン」などである。「アンバサダー」は、元ラグビー日本代表選手の方々に就任していただいた。伊藤剛臣、大畑大介、梶原宏之、菊谷崇、桜庭吉彦、田沼広之、廣瀬佳司、廣瀬俊明、増保輝則、松田努、元木由記雄、ラトゥ ウィリアム志南利の各氏である。

「ドリームサポーター」は、ラグビー以外のスポーツ界のレジェンドの方々にお願いした。伊藤華英（水泳）、織田信成（フィギュアスケート）、谷本歩実（柔道）、中嶋悟（Ｆ

1レーサー）、松木安太郎（サッカー）の各氏である。これらの人々にはOCが企画する各種イベントや各開催自治体が主催するイベント等へ参加していただき、大会の盛り上げに貢献していただいた。又、ボランティアサポーターとして、小島瑠理子さん、PRキャプテンとして舘ひろしさんにご就任いただいた。こうした著名人の方々に応援団として様々な活動にご協力いただいたことは、まさに気運醸成に大いに役立ったと思っている。

第8章

開催都市

開催都市の選定

国際スポーツイベントに於ける開催都市はどうやって決まるのか？　この点についてまず説明しておきたい。ＦＩＦＡ Ｗ杯やＲＷＣのように複数の開催都市が必要なイベントと、世界陸上や世界水泳など単一の開催都市で行われるイベントの場合では決まり方が異なる。

そもそも国際スポーツイベントはその国のＮＦ（Ｎａｔｉｏｎａｌ Ｆｅｄｅｒａｔｉｏｎ）であるスポーツ団体（サッカー協会やラグビー協会）が立候補して招致する。世界陸上や世界水泳のように単一都市開催の場合は、立候補する際事前に開催都市と合意しておく必要がある。日本のどこの都市でやるかわからないけど、とりあえず立候補します、というのはない。例えば、２００７ ＩＡＡＦ 大阪世界陸上とか、２０２２年福岡世界水泳などは事前に開催都市と合意・了解の上で立候補し、ＩＦ（Ｉｎｔｅｒｎａｔｉｏｎａｌ Ｆｅｄｅｒａｔｉｏｎ）の理事会等で選挙があって、それに勝ち抜いて招致に成功ということになっている。この場合基本的には、開催都市の役割が決まっているケースが多い。勿論その都市に世界大会を開催するにふさわしい競技施設があることが大前提であるが、この他に金銭条件をＮＦと開催都市間で決めておく。

２００７ ＩＡＡＦ 大阪世界陸上では、大阪市が大会運営者として40億円拠出することが事前に合意されていた。２０２２年福岡の世界水泳でも同様に一定の金額を福岡市が負担しているはずである。そうした開催自治体の金銭的負担がなければ日本のスポーツ団体（ＮＦ）単独で世界大会を招致するのは難しい。それが実体である。このことは第2章大会予算の構造に於いて詳述した通りである。

では、ＦＩＦＡ Ｗ杯やＲＷＣのように複数の開催都市が必要な場合はどうなのか？ＪＦＡやＪＲＦＵがワールドカップ招致に立候補した際に開催都市が全て決まっていた訳ではない。いずれも日本開催決定後に開催都市選定のプロセスに入っている。

２００２ ＦＩＦＡ Ｗ杯は日韓による招致合戦の結果、ＦＩＦＡの裁定によって共同開催が決定した。この決定後にやはりＦＩＦＡ裁定により日韓各々10会場（10都市）

での開催が決まっている。当時日本では15都市が開催を希望していた為、その中からFIFAのインスペクション等を経て、10都市が選ばれた。

RWC2019も2009年にWR（当時はIRB）の理事会に於ける選挙の結果、2015年にイングランドで、2019年に日本で開催されることが決まった。そしてその後に日本国内で開催地の選定が行われ、開催を希望する15都市の中から12都市が決定している。勿論、2002FIFAW杯もRWC2019も、各都市が開催を希望するに当っては、ワールドカップを開催できるレベルのスタジアムが整備できることという大前提条件がクリアーしなければならなかったことは言うまでもない。2002年では、札幌、宮城、茨城、埼玉、新潟、静岡、神戸、大分の8都市がFIFAの規定をクリアーするスタジアムを新設している。他の2都市もスタジアムの大改修を行った。

RWC2019では、12都市中1都市（釜石）でスタジアムを新設し、2都市（熊谷と東大阪）で大規模改修を行っている。開催都市の役割はこうした国際レベルのスタジアムを整備するだけではない。その他にも多くの役割を担うことになる。

開催都市の前提条件と金銭負担

開催都市が担う役割の前にお金の話をしておきたい。前述の通り、単一都市開催の世界陸上や世界水泳の場合は、開催都市が一定の金銭負担をすることが多い。では、FIFA W杯やRWCなどの複数都市で開催する場合はどうか？

FIFA W杯の場合、大会収支の収入項目に開催自治体補助金95億円という記載がある。勿論、10都市の合計金額であるが、これには、各種宝くじの収益金約72億円等が含まれており、実際に自治体が負担したのはOCを財団法人として立ち上げるときに出捐した1都市1億円で合計10億円ということになる。

RWC2019の場合は、開催都市分担金として39億円が計上されている。全12都市の合計である。1都市当り約3億円程度という計算になるが、勿論都市の規模によって実際負担した金額には差がある（釜石と東京が同額ということはあり得ない）。

しかし一見すると、大阪世界陸上に於ける大阪の負担金が40億円であったことを考えると、比較的少額のように見える。ただ、開催都市の負担はこの負担金だけではない。前述のスタジアム整備費等多額の金銭負担となるし、これから述べる諸々の役割を実施するにも当然お金がかかることになり、そうした出費を合計するとやはり開催自治体の負担するお金というのはそれなりの金額になってくる。逆の言い方をすれば、こうした開催自治体の負担というか協力なくして国際スポーツイベントの日本開催はあり得ないということもできる。

一方で開催都市にすれば、多額の金銭的負担はあるものの、国際スポーツイベントを〝おらが町〟で開催するメリットも大きい。都市知名度アップや住民サービス、それに何より国際スポーツイベント実施による訪外国人客の誘致や、それら観光客が落としてくれる金銭メリットもある（ＥＹの分析によれば、ＲＷＣ２０１９の大会期間中の訪日客は28万人にのぼり、その経済波及効果は３４８２億円。１人あたり68万円余となっている）。開催都市はそれらのメリットと金銭負担をはかりにかけて、そうしたイベントの招致の是非を考えていると思う。

開催都市の役割

さて、本題に戻そう。開催都市の役割についてである。開催都市の役割とは、大きく言えば大会運営の一翼を担うということになる。具体的に言えば「ファンゾーンの運営」「観客の交通・輸送」「観客サービス」「都市装飾」「ボランティア」「医事」「広報・PR（気運醸成）」「都市警備」などかなり幅広い。こうした業務を実施する為には、各自治体とも組織的対応が必要になる。自治体の中に専門セクションを設置することがまず必要となる。それも大会の数年前から設置していることが多い。人数は自治体にもよるが、数人～十数人程度であろう。

又2002 FIFA W杯もRWC2019も、大会OCは全ての開催地に支部を設置しているが、このOC支部の職員も自治体からの出向者である。各支部共に7～8名のスタッフが出向していた。さらに各開催自治体は、OCの本部にも人員を出向させることが多い。ほとんどの開催自治体から出向している。

近年、日本中で健康志向、スポーツイベントの盛り上げなどの傾向を受け、各地の自治体ではこうした国際スポーツイベントを開催する時期だけでなく、「スポーツ」を常時取り扱う専門セクションが置かれているケースが増えている。そして「スポーツ」に関するスペシャリストを各自治体で養成するということも見られるようになった。話を少し前に戻そう。開催自治体の役割についてである。

そもそもこの開催都市の役割について、開催都市と大会OCの間で締結されるホストシティーアグリーメントという契約の中に定められている。ただ実体は大会OCではなく事前にFIFAやWRが定めたルールに基づいてこのホストシティーアグリーメントが存在している。FIFAやWRは前もってホストシティーの果すべき役割を定めているということだ。それだけホストシティーの役割が重要であるという認識を持っている証左でもある。

例えば「ファンゾーンの運営」というのは、ホストシティーの果すべき義務の一つとなっているが、都市の町中あるいはスタジアム近辺どこでもいいが都市住民が行きやすい場所に大会期間中「ファンゾーン」設置し、そこでパブリックビューイングや各種関連イベントを実施することになっている。大会のスポンサーにも、ここで販売やイベント展開などを行うことが認められている。ＲＷＣ２０１９大会の場合、12の開催都市に16ヶ所のファンゾーンが設置され、大会期間通１１３万７２８８人の来場者があった。これはＲＷＣの前回大会（イングランド）の１０５万人５０００人を上回る新記録であったそうである。各開催都市がこのファンゾーンの運営に多大な尽力をした結果と見るべきだろう。スポーツイベントに於ける新しい観戦方法を生み出したと言えるかもしれない。

「会場への輸送など、観客に対する各種サービスの提供」も開催自治体の重要な役割である。開催都市によってはスタジアムへの交通が必ずしも便利でないところがある。スタジアムが駅近にあるのはむしろ稀である。従って観客をスタジアムにどうやって運ぶかはとても大切なことであり、この役割を開催自治体が担うことになっている。臨時シャトルバスの運行などによって実施することになる。この他観客の中には当然大勢の外国人が含まれる為、外国人観客に対する輸送、宿泊ホテル、市内ガイド、飲食などの各種案内も自治体にとっては大切な役割だ。勿論、大会に関する情報の発信も必要になる。

「都市装飾」や「大会広報・PR」なども開催自治体の重要な役割となっている。何といっても開催自治体は、大会の気運醸成という大切な役割を担っている訳だから、町中での大会ポスターやバナーの掲出にはじまり、大会関連イベント（1年前イベントや100日前イベントなど）を実施し、都市住民の方々に大会のアピールをしていかなければならない。これ以上細かいことは省略させていただくが、とにかく開催都市の役割はとてつもなく大きいことを強調しておきたい。

第9章

観客サービス

国際スポーツイベントに於いて、観客の方々にいかに快適に安全に、そして楽しく観戦していただくかということが近年極めて重要な要件となっている。その為、RWC2019でも〝観客サービス〟を専門とするセクションを立ち上げ、海外からこの業務についての専門家をコンサルタントに雇用して対応した。

人気の高い国際スポーツイベントの場合、多くの観客の方々が来場される。大勢で来場する、大勢で応援する、それはそれでとても楽しいことである反面、逆に多くのストレスを与えかねない。入場するのに時間がかかる。席を見つけるのが大変、飲食物を買うのに長い列にならなければならない、トイレに長蛇の列、等々様々なストレスがある。こうしたストレスをできるだけ与えない為にどうするか？　又、試合を見るだけでない別の楽しみを体験していただくことも観客サービスの重要な要件である。少し具体的に説明したい。

入場整理

４万人、５万人という大勢の観客の方々が来場される国際スポーツイベント。お客様にとって最初のストレスが入場時である。ＲＷＣ２０１９の場合、入場はキックオフの２〜３時間前を原則とした（試合によって変動）。入場に時間がかかるので、早めの入場を前もってお願いした。それでも入場時には長い列となる。このとき、まず大事なことは、この長い列をキチンと整理することである。長い列になることを事前に想定し、どのように並んでいただくかをあらかじめ決めておく。その上で、十分な人数の整理員を配置し、混乱が起こらないよう対応することが重要である。

ただ、ここで問題なのが、〝十分な人数の整理員〟の確保である。こうした整理業務は、ボランティアの方々にお手伝いいただくことが多いが、ボランティアの方々だけでなく十分な経験のある専門の整理員を配置することが必要である。こうしたスタッフは多ければ多いほど〝整理〟はしやすい。しかし専門の整理員を確保することも簡単ではないし、何より人件費がかさむ。予算をにらみながらの対応となることはやむを得ない。

次に、入場に際して手荷物検査が行われる。前述の通り、飲食物の持ち込みが禁止されているから（食べ物は大会開始4試合目から持ち込み可とした）、この検査をまともにやるととても時間がかかり、お客様にストレスを与えることになりかねない。手荷物検査の主なる目的は、テロあるいはそれに類似する暴動等の防止である。従って、こうした行為を防止する為のチェックは厳重に行わなければならない。例えば、拳銃や刃物が荷物の中に入っていないか？　あるいは暴動につながる恐れのあるものがないか？　例えば長い傘やビン、カン、ペットボトルの飲物の持ち込みが禁止されるのはこうした恐れにつながりかねない〝物〟だからである。しかし、そうした〝物〟がなければ、チェックはできるだけ簡便に、できるだけ早く実施したほうが良い。

こうした基本方針を、手荷物検査を行う全スタッフに事前に徹底しておくことも観客のストレスをできるだけ軽くするという観点からも重要である。ちなみにペットボトルや自前の水筒の飲料については持ち込みを認めても良いのではないかという議論がある。人間にとって水分の補給は健康上、生命維持の上からも必であるからである。会場内で気軽に飲料が買えれば問題ないかもしれないが、4～5万人の観客が来場されると、なかなか簡単に買えないのが実状だ。

何故飲料の持ち込みが禁止なのか？　前述した通りであるが、一つは権利保有者（ここではスポンサー）の権利保護。もう一つはテロ防止である。ペットボトルや水筒の中に飲料以外のものが入っていないか？　例えばガソリンのようなものが入っていれば、テロ行為に使用される恐れがある。だから持ち込み禁止にしているケースが多い。といって会場内でなかなか買えないとなるとそれも問題である。RWC2019ではどうしたか。一つは会場内に無料の給水所を設けたこと。もう一つは入場の際、水筒等の容器に入った飲料は健康上の必要性を認めればOKとした。こうした対応も観客サービスの一環として実施した。とにかくできるだけストレスを与えないことである。

待機列整理

入場してからの観客の方々のストレスに待機列がある。飲食物を買う為に並ぶこと、プログラムや記念品を買う為に並ぶこと、トイレに並ぶこと。何でも並んで長時間待たなければならない。これが大きなストレスになる。と言っても売店やトイレの数を増やすことには限界がある。勿論飲食物の売店などは通常時に比べ国際スポーツイベントで4～5万人の観客が来場するときは仮設の売店を増設している。それでも長い列になる。

記念品の売店ももっと数を増やせばと思われるかもしれないが、スタジアムのスペースを考えるとそう沢山の売店を設けることは難しい。非常時に於ける観客の避難通路を確保しておかなければならないなどの制約があることもある。トイレにいたっては、ハーフタイムにどこでも長蛇の列になることは周知の事実だ。しかしかといってトイレの数を増やすことは難しい。仮設トイレをコンコースに置けば、と思われるかもしれないが、これも安全上の理由で困難である。

とすれば大会の運営者であるOCはどうすれば良いのか？　並んでいる観客の方々にできるだけストレスを与えないようこの待機列を安全に整理することが大切である。〝待機列整理〟という考え方である。よくデパートの食品売場などに「最後尾」などと書いたプラカードを持った人が並んでいる人の整理に当っている光景をご存知だろう。この待機列整理も多くのケースではボランティアの方々に担当していただく。しかしこれも、できるだけこうした業務に経験のあるスタッフが全体管理に当たる必要がある。そうしたスタッフ同士が連絡を取り合って、並んでいる観客の方々に比較的空いている他の売店等をご案内することも観客サービスとしては重要なことになる。

スペクテータープラザ

国際スポーツイベントでは通常、開場時間から試合の始まる（キックオフ）時間まで2〜3時間ある。さらに観客の方々は開場時間よりもっと早く来場されるケースも珍しくない。こうした方々が試合が始まるまで何もすることがないのでは退屈してしまう。ある意味、貴重なこの時間を有効に使い観客の方々に楽しんでいただく為にはどうすれば良いか？　ということからこのスペクテータープラザが設置されるようになった。観客同士の交流の場である。ＲＷＣ２０１９の場合、ここにはスポンサーであるハイネケンのビアバーが開設され、多くの観客が国籍を問わずビールを酌み交わし交流した。又、ここには必ず大型映像装置が設置され、試合映像（終了したものや過去の映像）などが放映され観客の方々を楽しませた。その他飲食売店や記念品の販売ブース、ゲームブースなどもあり、試合開始までの時間を楽しく過ごせるよう工夫した。これは積極的な意味での観客サービスである。

給水所の設置

157ページの入場整理でもふれたが、ＲＷＣ２０１９に於いては、大会開始直前に札幌を除く11会場で給水所を設置し、観客の方々に無料で飲料水を提供することにした。これは、勿論観客サービスの一環であるが、飲料の持ち込みを原則禁止したこと、及び大会開催時期が９月20日からという残暑厳しい季節であったことなどが実施した大きな理由であった。

ただ給水所の設置には、いくつか課題が残った。設置場所の問題、配布スタッフの問題、冷却の問題、等である。設置場所については、スタジアムの状況によるが、なかなかその為のスペースを確保するのが簡単ではないこと、さらに設置してもせいぜい1～2ヶ所であり、観客の方々に場所を知らせる方法がないこと、等である。

配布スタッフについては、ボランティアの方々にお願いしたが、十分なスタッフを確保できず、やむなく無人としたところもあった。又、冷却する為には冷蔵庫とその為の電源とケーブルを確保する必要があるが、その為の準備ができていなかった、などである。

国際スポーツイベントに於いて、暑い時期の開催で、かつ飲料の持ち込みを禁止する場合は、観客サービスの一環というより、必須事項としてこの給水所の設置を準備しておくことが必要であろう。

第10章 ライツプロテクション

国際スポーツイベントに於けるライツプロテクションとは何か？　そのイベントに於ける様々な権利を所有している者の権利を保護することである。権利の所有者とは、例えばスポンサーは契約商品カテゴリー内に於いて独占的な広告権を所有している。放送権ライツホルダーは、契約当該国内に於ける独占的なテレビ放送権等を所有している。ライセンシーは契約商品カテゴリー内に於いて独占的な大会マーク、エンブレム付き商品の製造・販売の権利を所有している。ホスピタリティー（トラベル含む）チケットの独占販売権を所有している事業者もある。会場内で大会記念品を独占的に販売する権利を所有する事業者もある。こうした事業者はこうした権利を得る為に、各々が高額？　な権利金を支払っている。

従って、権利を与えた側（ＲＷＣ２０１９であれば主催者であるＷＲということになる）は、その権利を保護する義務を負うことになる。これがライツプロテクションである。このライツプロテクションの主体は当然主催者であるＷＲであるはずであるが、これが実際は大会のＯＣの役割となってくる。具体的にどんな役割なのか、説明してみたい。

クリーンスタジア

大会で使用される全てのスタジアムは一定期間完全クリーンであることが求められる。このクリーンというのは、完全に全ての広告物が撤去されていることを言う。スタジアムには通常どこでもスタジアム独自のスポンサーがあり、そのスポンサーの広告看板等が設置されているが、これらの看板は取りはずさなければならない。あるいはマスキングと言って、カバーをかけて広告を隠すことが必要になる。広告看板に限らない。自動販売機や会場用で使用しているコピー機、テレビ、大型スクリーンなどもスポンサー以外のメーカー表示は全てカバーしなければならない。一定期間というのは、そのスタジアムを借り上げている期間ということになるのだが、勿論そのスタジアムで試合が行われる期間は全て大会スポンサー一色となる。これがスポンサーのライツプロテクション、権利保護の第一歩である。

５００メートルクリーン

クリーンにするのは会場内だけではない。会場となるスタジアムの周辺５００メートル以内もクリーンエリアに指定される。このエリア内にある大会スポンサー以外の広告物も全てクリーンにすることが求められる。大会スポサンサー以外の広告物があった場合（特にスポンサーの競合社）、ＯＣはこの広告スペースをその所有者から買い取り、大会関連の広告や広報スペースとすることが必要になる場合もある。事実、ＲＷＣ２０１９の場合、東京スタジアムの近隣の大型広告スペースに掲出されていた大会スポンサー以外の広告物を、そのスペースのオーナーから買い取り、大会広報物の掲出に切りかえたということを行っている。買い取りコストは当然ＯＣが負担している。

ただ、５００メートル内と言っても、大会スポンサー以外の企業の営業所等があり、その営業所名を表示しているような場合は、クリーンの対象外となる。又、５００メートルと言っても、逆に500メートル外であっても、スタジアムへの導線となるような最寄り駅からスタジアムまでの道路や駅そのものがクリーン内に指定されることもある。特に最寄り駅は、そのスタジアムへの玄関口という見方もできる為、クリーンにすることに神経質になる。RWC2019の場合、横浜スタジアムへの玄関口となった「新横浜駅」では、駅構内の全ての広告スペースを大会期間中買い取り、大会関連スポンサーの広告物に切りかえている。神戸、東大阪、東京なども同様に最寄り駅の広告スペースを買い取ることを行っている。

アンブッシュマーケティングの防止

アンブッシュマーケティングとは、大会に何の関係のない企業があたかも大会スポンサーの如きマーケティング活動を行うことであり、大会スポンサーの権利を保護する為には、これを防止する必要がある。このアンブッシュマーケティングは勿論、大会の前にも時々見られる。無知であったり、故意であったりケースは様々であるが、大会関連のマークやマスコットを勝手に広告物や商品に使用するケースだ。特に大会開催都市の比較的規模の小さい企業がこれを起こすケースが多い。開催自治体は地元企業の活性化の観点から、こうしたケースに対してなかなか厳しく対処しづらい。従って、ＯＣでは顧問弁護士を中心にした〝ライツプロテクションチーム〟を編成し、こうしたケースに対処する。ルール違反した企業には注意喚起をうながし、それでも是正されない場合は警告文を出したり、最終的には法的手段をとることもある。こうしたケースは残念ながら、どの国際スポーツイベントでも見られ、なかなかなくならないのが現実だ。どうしてもライツプロテクションの観点から、専門のチームが必要となる。

大会期間中にもアンブッシュマーケティングは起こる。よくあるケースが、スポンサーでもない企業の関係者が大勢で同一の企業ロゴ入りのＴシャツを着て観戦するとか、会場となるスタジアムの最寄り駅の周辺でチラシなどの広告物を配布するとか、スポンサーの競合社がスタジアム近くで観客やメディアなどにサービスを提供するとか、そういったことがたくさん起こるのだ。こうしたことにもライツプロテクションチームは対処しなければならない。各会場毎に弁護士を中心としたチームを組んで見回りをする。このとき、このチームは地元の警察とも事前に相談連携している。ライツプロテクションチームと言っても、公的権限を何ら持っていないので、場合によってはトラブルになることも考えられる。だから事前に地元警察に協力を要請しておくのだ。

にせもの販売の防止

人気の高い国際スポーツイベントになると、大会記念品が良く売れる。ただ会場内でこれを買うとなると長い列に並ばなければならない。ここに目をつけた悪い業者が会場外でにせものや、あるいは独自の関連商品（例えば応援グッズなど）を道行く人々に売りつけるのだ。わざわざ外国からやってくる悪い業者もいる。こうした行為もライツプロテクションチームの取り締まりの対象となる。このケースは前述の地元警察の協力が不可欠だ。こわいお兄さんということもあるからだ。ただこの悪い業者、警察が近くにいるとすぐどこかに行ってしまうが、警察がいなくなると又元の場所に来て商売をはじめるそうだ。イタチごっこだ。

ダフ屋対応

ダフ屋対応は、ライツプロテクション業務とは少し違う。対応するのも多くの場合、チケット販売チームだ。なにしろ目近に対応するケースが多いからだ。ただこのダフ屋対応もそれこそＯＣでは限界がある。警察に協力を要請するしかない。イタチごっこになるのは、にせもの販売業者のケースと同様ではあるが。ただ、昨年の法律改正で、チケットの高額転売がはっきりと法に違反することが明確になったので、取り締まりはこれまでよりはやりやすくなるのではないかと期待している。ただこれは永遠の課題なのかもしれないが。

第11章 CMG（セントラル・マネージメント・グループ）

国際スポーツイベントの大会運営に於いてＣＭＧの役割は重要である。ＣＭＧ＝セントラル・マネージメント・グループとは、文字通り大会運営の要の役割を果す。２００２ＦＩＦＡＷ杯のときは、組織委員会に「企画調整局」が置かれた。ＲＷＣ２０１９では同じく「企画局」があった。一般に事業会社の「経営企画局」のような役割と思っていただければ良い。ただし２００２ＦＩＦＡＷ杯時の「企画調整局」という名前が示すように、組織内の調整役という側面がある。〝企画〟というのはいわゆる経営（ここでは運営）方針の策定という意味合いであるが、〝調整〟というのは大会運営を司るＯＣ内の各ＦＡ（Ｆａｎｃｔｉｏｎ Ａｒｅａ）間の調整役がどうしても必要だということを表している。ＦＡというのは大会ＯＣ内の組織上の名称である「局」や「部」とは少し違った概念で、大会運営に必要な業務エリアという意味であり、このＦＡ毎に業務を分担していた。このＦＡが合計41あった。

しかし大会運営業務を遂行するにあたってＲＷＣ２０１９では、多くが複数のＦＡにまたがることになる。このとき、ＦＡ同士がいつも連携していれば良いのだが、これがなかなか難しい。この調整を行うのがＣＭＧであった。２００２ ＦＩＦＡ Ｗ杯の「企画調整局」という組織名もこうした役割から来ている。従って、このＣＭＧ、経営企画を担い、組織間調整を担う訳だから極めて重要なＦＡということだ。

もう少し具体的な役割についてふれておきたい。ＲＷＣ２０１９に於けるＣＭＧは、大会組織委員会の組織設計、それに伴う各組織の役割分担と定義付けを行った。又、各ＦＡが行う各種の業務（ここでは各プロジェクトと言う）の全体管理を行っている。組織設計とは、いつの時点でどんな組織（ＦＡ）が必要なのかを定め、その組織の役割分担を定義づける業務を行ったということだ。組織は生きものだ。大会までの数年間の間に、組織は変化する。変化させなければならない。その組織をどう変化させるべきかと提言していくのがＣＭＧの重要な役割であったということである。又、各業務（プロジェクト）の全体管理を行うことがもう一つの重要な役割であった。各プロジェクト毎に統一されたフォーマットで作成された「工程表」に従って各プロジェクトの進捗状況を常に確認し、様々なリスク要因を洗い出し、課題一覧を作成し、その課題が解決されるまでチェックを重ねていく。こうしたプロジェクト管理の手法は必ずしも日本的ではない。どちらかと言うと西洋的手法と言えるだろう。しかし、FIFA W杯やRWCのような世界中の国々との連携が必要な国際スポーツイベントでは、通常のやり方であるし、定番と言えるかもしれない。今後は日本でもこうしたプロジェクト管理の手法が定着するかもしれない。いずれにしても、こうした役割を担うCMG＝セントラル・マネージメントという考え方は必須の組織であろう。

第12章

リスク対応

リスクの洗い出しとその対応（保険の付保）

国際スポーツイベントに於けるリスクとは何か？　勿論、数多くのリスクが存在する。ＲＷＣ２０１９でも、各ＦＡ毎に多くのリスクの洗い出しを行った。そしてそれをＣＭＧに集約し、〝発生確率〟と〝発生した場合の重要度〟という二つの尺度で最重要リスクを定め、それらのリスクへの対応策を検討し、方針を定めた。そしてさらにその対応が正しく進行しているかをＣＭＧが確認していくというプロセスを継続した。

具体的にどんなリスクが存在したのか？

◎台風、地震、テロ等により試合が実施できない
◎光ケーブル切断などにより放送不能
◎停電が発生して、試合会場の照明等の電気系統が機能しない
◎チケットが販売不振で大会収支に影響

◎チケット販売のシステムがダウンしてチケットの発行不能
◎試合会場での各種事故発生
◎人格権の侵害や風評被害
◎サイバーテロ　　等々
である。

こうしたリスクへの対応策としては、保険によってカバーできるものは保険を付保した。最も重要な保険が「興行中止保険」である。何らかの理由（台風、地震などど）で試合が行えなかった場合のチケット販売収入をカバーするものである。しかしこの保険、実際に試合が中止になると保険会社が支払う金額が大きいだけに、保険料が高い。だからどこまで保険でカバーするかは難しい判断になる。勿論全試合の全チケット販売収入をカバーしようと思えば保険料はそれだけ高い。50%程度カバーすれば良いと考えれば、それだけ安くなる。当然のことだ。しかもこの保険、カバーする金額が高くなればなるほど、引き受けてくれる保険会社がいなくなる可能性出てくる。こうしたケースは例えば元受けとなる日本の保険会社がリスクを分散させる為に、欧米の保険会社に再保険をかけるのが通常なのだが、この再保険の引き受け手が見つからない。又は見つかっても高額の保険料を要求する（それだけリスクが高いと考える為）ことになる。だから保険をかけたくても、引き受け手がいないということも考えられる。

ＲＷＣ２０１９の場合、幸い引き受け手が見つかった為、ＯＣが希望する保険を付保することができた。かなり高額の保険料を払ったが。しかしこの保険が後々ＯＣを助けてくれた。ご承知の通り、台風19号の日本本土への上陸によって、ＲＷＣ２０１９は3試合が中止になったからだ。

10月12日、豊田のニュージーランドvsイタリア戦と、横浜のイングランドvsフランス戦、及び10月13日、釜石のナミビアvsカナダ戦の3試合である。３試合ともチケット販売はほぼ完売の状況であった。ＷＲとＯＣとは、この3試合を中止するに当って、最優先事項としたのは勿論〝安全〟ということであった。観客の安全、選手の安全、スタッフの安全、その他全ての関係者の安全が第一であり、そうした観点から中止を決めた訳であるが、一方で中止をしても、この興行中止保険によって、チケット販売収入の大半がカバーされるということが、中止を判断するにあたって判断しやすい要因であったことは間違いない。

大会収支報告によれば、収入の項に保険金収入として18億円、支出の項に払い戻し金として23億円という記載がある。これがこれら3試合を中止にした結果の実際の収支である。カバーしきれなかったのは差額の5億円ということだ。ＲＷＣ２０１９はこうした結果になったことはある種幸いであったが、今後の国際スポーツイベントで興行中止保険を付保しようとすれば、保険会社がなかなか引き受けない、あるいは引き受けてもかなりの高額になることが予想される。特に台風時期のイベントであれば相当に高リスクと判断される可能性が大きい。だから、そもそも日本で台風シーズンに国際スポーツイベントを開催すること自体が高リスクであり、今後日本への招致の際には考慮しなければならないポイントかもしれない。

台風19号対応

ここで少し台風への対応という視点について述べておきたい。RWC2019が2019年9月20日〜11月2日までの期間開催されることは数年前からわかっていた。この時期は日本では台風シーズンであることも当然わかっていた。だから大会の1年位前から台風が来たときにどうするかということについては何度もWRとOC間で話し合われた。話し合われたのは、台風が来たとき〝中止〟にするか〝延期〟するか、〝試合会場を変更〟するかという点と、いつの時点で判断し、いつの時点で発表するのか、それと誰が判断するかという点であった。ただ、WRのルールでは、予選プール（40試合）では何らかの理由（台風に限らない）で試合が行えない場合は〝中止〟とすることが定められていた（引き分けとする）。要するに〝延期〟はないということだ。ただ例えば台風が九州に上陸した場合、九州の試合を同じ日に他の会場に移して行うという選択肢はあり得た。この為、「バックアップベニュー」という概念が当初からあったし、現にどこの会場を「バックアップベニュー」にするということはOC内で共有し、当該自治体とも合意していた。ただそれをいつ判断するかということについて、ずいぶん議論した。

〝中止〟とする場合は、試合開始の6時間前までに決定し、発表することにしたが、会場を変更する場合というのが難しかった。少なくとも3日前までには決めなければ準備が間に合わない。準備とは何か？　変更先会場で試合を行う為の準備は勿論のこと、チームや競技スタッフ、放送スタッフやその他運営スタッフの移動手段の手配（新幹線か飛行機かバスか、それらの組み合わせか）、スタッフの移動先でのホテルの手配も必要である。

さらにもう一つのやっかいなことがある。観客をどうするのかという問題だ。勿論台風が来る試合会場のチケットはすべて払い戻す訳だが、移動先の会場で新たにチケットを売るかどうかという問題が発生する。一番面倒がないのは新たにチケットは売らない。いわゆる無観客試合とすることだ。普通に考えると、3日間の間で新たにチケットを販売することはほぼ不可能である。台風襲来によって試合ができなかった会場の近隣のチケットホルダーの方々は、わざわざ台風の中移動先の会場まで試合を見に行くことはあまり考えられないので、特に問題にならないが、問題なのは、外国人観客である。特に対戦チームの母国から応援に来ている人達だ。この人達は会場が変更になれば、当然その会場のある都市に移動する。こうした人達に対してチケット販売はできないので、無観客で試合を行うということが通用するだろうか？　WRはこの点をずいぶん心配した。何らかの方法でこうした外国人観客を優先的に観戦させる方法はないかということについての議論をずいぶんした。勿論3日前ではなく、7日位前に判断して、会場を移してしまえば、こうした問題への対応はできるかもしれない。しかし台風の場合、いつどちらに向かって、どれくらいの大きさで来るのかを予測するのは、7日前では無理である。3日前だって難しい。台風以外の理由（例えば地震など）で7日前に判断できる場合を除いて、台風のようなケースの場合は、こうした外国人観客を優先的に観戦させるのは無理だという結論にならざるを得なかった。ただWRはこの点についてはなかなか納得せず、OCが最後まで何らかの方法を検討するということで一旦、事実上棚上げにしたと記憶している。現実にはこうした対応を検討することはなかったが。

決勝トーナメント8試合については、さすがに〝中止〟という訳にはいかない。従って、試合当日に試合が行えない場合は、同じ会場で2日後に行うというルールになっていた。決勝トーナメントの会場は、準々決勝が大分と東京、準決勝が横浜、3位決定戦が東京、決勝が横浜であった。各々の会場とも万一に備えて、2日後にも試合ができる準備はしていたが、ここでも問題になったのが観客を入れるかどうかという問題だ。論理的には、元々の試合のチケットを2日後の試合でもそのまま有効とすれば良いだけということなのだが、実際には観客を入れる為の準備ができないのだ。具体的には何百人にもなる会場警備や整理のスタッフを2日後に集めることは不可能なのだ。これらのスタッフは全て日程指定で雇用している人達であり、2日後に改めて集めるとは想定していない。もし集めたいのであれば、あらかじめ2日間拘束する雇用契約を結んでおかざるを得ない。全8試合でのダブルスタンバイである。ほとんどムダになるダブルスタンバイの為に人件費を2倍用意することはあまりにムダだ。従って、このケースも無観客でやらざるを得ないというのが結論だった（実際にはこのケースは起こらなかった）。

さて、台風19号である。先に述べたように、この台風によって3試合が中止となった。予選プールの試合だから中止ということがもともとのルールである以上、その決定には何ら問題はない。しかし実際には様々なドラマを生んだ。何故なら、WRもOCも何とかして試合を中止にしない方法を必死に考えようとしたからだ。10月12日と13日で全7試合が組まれていた。そのうち台風の影響が全くないと思われたのは九州（熊本と福岡）の2試合のみで、他の東大阪1試合、豊田1試合、横浜2試合、釜石1試合の5試合には影響が出ることが予想された。そこで、各々の試合について、〝会場を変更すること〟〝日程を延期すること〟〝最悪中止とすること〟の三つに分けて検討していた。実際に会場移動の為の準備も始めていた。これは前述のWRの予選プールでは試合ができないときは〝中止〟とするというルールからは逸脱する。それは承知していたが、WRとOCの運営幹部間ではそれでも試合を中止しない方法は検討しておきたかった。

しかし最終的にはWRの理事会が、こうした方法をとった場合、チーム間に不公平が生じる恐れがあるという理由で退けた。そしてもともとのルールに立ち返るという決定を下したのである。これはこれで筋が通っている。ある意味とても正しい判断であり、ＯＣとしても全面的に納得せざるを得なかった。だから、この決定後に参加チームの一部から〝中止〟の決定にたいして、何故コンティンジェンシープランを考えなかったのかという異論が出たときには、ＯＣとしては、いや考えたんだ！　考えた末の最終判断だったんだということは声を大にして言いたかった。チームはやはりＲＷＣに参加して試合をしてなんぼという意識がとても強い。こうしたチームの思いをどう考えるべきか、とても重い問題だったと思う。台風というような極めて複雑な要因を持つリスクに対して今後どう対処すべきかという問題が残ったような気がする。

第13章

今後の国際スポーツイベントの招致についての提言

これまで、2002 FIFA W杯、2007 IAAF 大阪世界陸上、RWC2019の大会運営にたずさわった者として、この三つの国際スポーツイベントの運営の実態を比較しながら振り返ってきた。そこには様々な課題が見える気がしている。勿論、これらの三つのイベントが日本国で、日本国民に大きな夢や感動を与えてきたことは疑いがない。特に2002 FIFA W杯、RWC2019は、オリンピックを除けばこれ程日本中に感動と興奮を巻き起こしたイベントはなかっただろう。本当に幸いなことに、二つの大会とも大成功を収めた。だからこそこうしたイベントが今後も日本で開催され、同じように大成功して欲しいから、あえてそれらの課題について文中でも述べてきたものではあるが、くり返し提起させていただきたいと思う。2021年には東京オリンピック・パラリンピックが、2022年は福岡世界水泳が、2026年は愛知アジア大会がすでに予定されている。その他、2030年の冬季オリンピックには札幌市が立候補を予定している。多分今後、これ以外にも数多くの国際スポーツイベントの日本招致が計画されることだろう。そうした際に確認すべきことは何かぜひもう一度振り返ってみて欲しい。

大会収支計画について

何よりもまず大切なのが、収支計画が正しく立てられるかどうかという点である。どういう項目にどれくらいのコストがかかるのかという支出面の精査がまず必要である。国際スポーツ団体毎に求める大会のスタンダードに違いがあるので、それをよく確認し、コストの精査をすることが大切である。

そして収入にはどんな項目があるのか？　チケット販売収入はどれくらい見込めるのか？　その他の収入として見込めるものは何があるのか？　スポンサー販売権は？　テレビ放送権販売は？　その他の商業権はどこに寄属し、その収入は誰のものか？　そして自治体の協力はどの程度得られるのか？　寄付金や助成金（宝くじやｔｏｔｏなど）は得られるのか？　などなど様々な観点からの精査が必要である。その上で大会の収支勘定がバランスとれるのかどうかを確認する必要がある。できることなら収入が支出を上回るような計画が望ましい。

開催契約の吟味

本文中にもふれたが、招致が決定するとそれに満足して契約書の中身を十分吟味せずにサインすることがこれまで見られてきた。しかし、これが大問題なのだ。ほとんど国際スポーツ団体側の立場で書かれている為、契約締結後に日本の大会運営にあたる組織委員会が苦労することになる。特に大切なのが、金銭にまつわる記載である。テレビ放送権やスポンサー収入は国際スポーツ団体に入り、日本の組織委員会には一銭も入らないのに、世界中の放送局への過度なサービスの提供や、スポンサー企業への様々なオブリゲーションを組織委員会に押しつけてくることなど沢山ある。サービスの提供の義務は組織委員会なのか、国際スポーツ団体なのか、契約書では不明確なことが多い。こうしたことには十分気をつける必要がある。

ＲＷＣ２０１９でも最もトラブルになったのは、こうしたＷＲ側のステークホルダー（放送局、スポンサー、ライセンシー、ホスピタリティーチケット事業者など）へのサービスの提供にかかるコストの分担についてであった。何度も言うが、こうしたステークホルダーからの収入はＷＲに入り、組織委員会には入らないのだ。それでも、開催契約の条文に従って、サービスの提供は組織委員会の義務であるかのように言ってくる（条文ではグレーゾーンということが多い）。

それともう一つ、国際スポーツ団体側の組織委員会の組織体制と人事への介入にも気をつけたい。ＲＷＣ２０１９では、この問題で大変苦労したことは本文中に記述した通りである。これも開催契約書を事前に十分吟味しておけば起こらなかった問題かもしれない。とにかくこうした問題が後日起こらないよう開催契約書については今後十分気をつけて欲しい。

大会運営の組織づくり

国際スポーツイベントの日本招致が決定した後、ただちに取り掛からなければならないのが、大会運営の為の組織づくりである。しかし、この組織はいつの場合も時限立法である。大会が終了すれば必ず組織は解散する。スタッフは皆、時限雇用にならざるを得ない。しかしながら、数多くの様々な専門スタッフを集めなければ大会の運営はできない。日本では、2002FIFAW杯のときも、RWC2019のときも、多くのスタッフを自治体や企業からの出向でまかない、不足する専門スタッフを直接雇用した。しかし、専門職の不足はどうしようもなく、WRから外国人スタッフの雇用を押しつけられ、これを取り入れざるを得なかった。文化の違い、言語の違いから日本人スタッフとの間の関係は必ずしもうまくいった訳ではなかった。

こうしたことを考えるとき、今後日本で行われる国際スポーツイベントの専門スタッフを育成するシステムを考えておく必要があると感じている。ヨーロッパの場合、数多くの国際スポーツイベントが毎年のように各地で開催される為、それらのイベントを渡り歩く国際スポーツイベント専門のスタッフが数多くいる。渡り歩きながら、十分生活できるのだ。日本でもこうした人材の育成方法が考えられないか、検討に値すると思っている。ただ、こうしたことはスポーツ団体だけで考えることは難しく、国の機関（例えばＪＳＣ、スポーツ庁、日本スポーツ協会など）で検討していただけないものだろうか？

戦略的招致について

国際スポーツイベントを日本に招致する際の主体は、各々の日本のスポーツ団体である。ＦＩＦＡ　Ｗ杯ならＪＦＡ、ＲＷＣならＪＲＦＵ、世界陸上は日本陸上競技連盟である。こうした団体は各々独自の計画と判断で世界選手権やワールドカップの招致を計画する。招致した際の大会収支計画も各々が独自に考えなければならない。勿論、国家機関や地方自治体、あるいは場合によっては放送局や広告代理店などに相談することもあると思う。しかしいずれにしても各々バラバラである。

私の提言は、こうしたバラバラの招致計画を日本国として統一して戦略的に検討し、実行することにできないだろうかということである。スポーツ庁がいいかどうかはわからないが、いずれにしても日本国の国家機関が統一的な戦略的な国際スポーツイベントの招致計画に関与するということが必要なのではないだろうか？

いくつかの理由がある。2002 FIFA W杯も、RWC2019も幸いなことに多額の乗余金が出る程の大成功を収めている。しかし赤字が出ないという保証はないし、又赤字が出た場合どうするのかという明確なルールもない。他の国際スポーツイベントも同様である。万一赤字が出た場合、弱小の日本のスポーツ団体ではたえられない。破産せざるを得ないケースも考えられる。そこで国家機関が関与することによって、赤字が出ないスキームを指導すること。赤字がでた場合の救済ルールを定めておくこと（例えば一定の基金をつのり、万一赤字が出た場合はその基金をとりくずす。赤字を出したスポーツ団体は長期間でそれを返済するなどのルール）。これが最大の理由である。

もう一つは、前述の国際スポーツ団体との契約のサポートと、大会運営にたずさわるスタッフの人材育成と、そのプールに国の機関が関与することにしてはどうだろうかと思うことである。そして何よりもＦＩＦＡ Ｗ杯やＲＷＣのようなビッグイベントを何年かに、あるいは何十年かに１回かそれ以上、確実に日本に招致する為には、単一スポーツ団体だけで計画するよりも、日本国としての戦略をもってするべきと考える次第である。私は人生に於いて２００２ ＦＩＦＡ Ｗ杯とＲＷＣ２０１９という超ビッグイベントの運営にたずさわるという幸運を得た。日本国中が、日本人が一つにまとまり、そのアイデンティティを確認し合い、そしてさらに様々な国の人々と交流したという、あの体験を今後も引きつづき未来の人々にも味わってもらいたいと心から思う。

鶴田友晴（つるだともはる）

1950年生まれ。1972年、学習院大学卒業、電通入社。2000年、電通コンテンツ事業本部サッカー事業局局次長兼2002年FIFAワールドカップライセンシング事務局長。2001年、2002年FIFAワールドカップサッカー大会日本組織委員会事業警備局長。2004年、電通執行役員メディア・コンテンツ第2本部副本部長兼スポーツ事業局長。2007年、電通上席常務執行役員国際本部副本部長。2010年、常勤監査役。2015年、ラグビーワールドカップ2019組織委員会事務総長代理。2020年1月より、TOPPANスポーツ、エグゼクティブアドバイザー、同年4月よりぴあ顧問。

国際スポーツイベント　成功の舞台裏

2020年 9月30日　第1刷発行
2020年11月30日　第4刷発行

著　者　　鶴田友晴

発行人　　木本敬巳
編　集　　碧山緒里摩

発行・発売　ぴあ株式会社
〒150-0011
東京都渋谷区東1-2-20 渋谷ファーストタワー
編集／03(5774)5262　販売／03(5774)5248

印刷・製本　凸版印刷株式会社

ISBN　978-4-8356-3984-0